Sklaverei in der Antike

Quellentexte römischer Autoren

Ausgewählt und bearbeitet
von Vera Schiff und Egon Küppers

W0209436

Ernst Klett Schulbuchverlag
Leipzig Stuttgart Düsseldorf

Inhaltsverzeichnis

(S): kommentiert von Vera Schiff; **(K)**: kommentiert von Egon Küppers

Wie im alten Rom

Die altehrwürdige Gesellschaft der britischen Sklavereigegner berichtete der Menschenrechtskommission der Vereinten Nationen über die besonders traurige Lage der Sklaven in Mauretanien. Die Verfassung der westafrikanischen Republik verbietet seit nunmehr einem Jahr die Sklaverei ausdrücklich; trotzdem können Sklavenhalter mit der Unterstützung von Polizei und Justiz bei der Jagd nach flüchtigen Sklaven rechnen. Mindestens jeder zehnte Mauretanier ist Sklave; der Herr hat das Recht, die neugeborenen Kinder seiner Sklavinnen zu verkaufen und Familien auseinanderzureißen. Freigelassene und freigekaufte Sklaven bilden dem britischen Bericht zufolge eine besondere Kaste – wie im alten Rom. Eine Protestbewegung der Freigelassenen wurde 1980 zerschlagen. Ihre Führer befinden sich seitdem ohne Gerichtsurteil in Haft.

Die Zeit Nr. 35 21. 8. 1981

Saturnalia

1 Horaz: *Satirae II 7*

Q. Horatius Flaccus, 65 — 8 v. Chr. Geboren in Venusia, Mittelitalien, Ausbildung in Rom und Athen. 44 Anschluß an die Republikaner, als Militärtribun in der Armee des Brutus, 42 Schlacht von Philippi: Sieg des Antonius über die Caesarmörder Cassius und Brutus; Konfiszierung von Horaz' Vermögen. Eintritt in das Staatsarchiv als Sekretär; daneben Dichtung. 38 Aufnahme in den Kreis Maecenas', Geschenk des Landgutes Sabinum von Maecenas
Werke: Oden, Epoden, Episteln, Satiren

'Iamdudum ausculto et cupiens tibi dicere servos
pauca reformido.' 'Davusne?' 'ita. Davus, amicum
mancipium domino et frugi quod sit satis, hoc est,
ut vitale putes.' 'age libertate Decembri,
quando ita maiores voluerunt, utere: narra.'
'pars hominum vitiis gaudet constanter et urget
propositum; pars multa natat, modo recta capessens,
interdum pravis obnoxia. saepe notatus
cum tribus anellis, modo laeva Priscus inani
vixit inaequalis, clavum ut mutaret in horas,
aedibus ex magnis subito se conderet unde
mundior exiret vix libertinus honeste;
iam moechus Romae, iam mallet doctus Athenis
vivere, Vortumnis quotquot sunt natus iniquis.
scurra Volanerius, postquam illi iusta cheragra
contudit articulos, qui pro se tolleret atque
mitteret in phimum talos, mercede diurna
conductum pavit: quanto constantior isdem
in vitiis, tanto levius miser ac prior illo
qui iam contento, iam laxo fune laborat.'
'non dices hodie, quorsum haec tam putida tendant,
furcifer?' 'ad te, inquam.' 'quo pacto, pessime?' 'laudas
fortunam et mores antiquae plebis, et idem,
siquis ad illa deus subito te agat, usque recuses,
aut quia non sentis, quod clamas, rectius esse,
aut quia non firmus rectum defendis et haeres
nequiquam caeno cupiens evellere plantam.
Romae rus optas; absentem rusticus urbem
tollis ad astra levis. si nusquam es forte vocatus
ad cenam, laudas securum holus ac, velut usquam
vinctus eas, ita te felicem dicis amasque,
quod nusquam tibi sit potandum. iusserit ad se
Maecenas serum sub lumina prima venire

(1) **iamdudum:** schon lange • **auscultare:** horchen • **servos** = **servus** • **reformidare:** fürchten • **mancipium,** i *n.:* Sklave • **frugi:** bieder • **vitalis,** e: lebenswert • **age:** wohlan • (5) **capessere:** *Intens. von* capere • **pravus,** a, um: schlecht • **obnoxius,** a, um: hörig • **anellus,** i *m.:* kleiner Ring

(10) **inaequalis,** e: unstet • **clavus,** i *m.:* Purpurstreifen • **mundus,** a, um: gepflegt • **moechus,** i *m.:* Ehebrecher • **Vortumnus:** der sich verwandelnde Gott der Jahreszeiten • (15) **scurra,** ae *m.:* Lebemann • **cheragra,** ae *f.:* Handgicht • **contundere,** -tudi, -tusus: lähmen • **articulus,** i *m.:* Glied • **phimus,** i *m.:* (Würfel)becher • **talus,** i *m.:* Würfel • **merces,** -dis *f.:* Lohn • **diurnus,** a, um: Tag~ • (20) **funis,** is *m.:* Strick • **quorsum:** wozu • **haec putida:** *hier:* widerliches Geschwätz • **furcifer,** i *m.:* Galgenstrick, Halunke • **quo pacto:** wieso • (25) **haerere,** -eo, haesi, haesurus: festhängen • **caenum,** i *n.:* Dreck • **planta,** ae *f.:* Fuß • **rus,** ruris *n.:* Land(gut) • (30) **securus,** a, um: *hier:* einfach • **holus,** eris *n.:* Gemüse • **vincire,** vinxi, vinctus: fesseln • **potare:** zechen

convivam: „nemon oleum fert ocius? ecquis
audit?“ cum magno blateras clamore fugisque.
Mulvius et scurrae, tibi non referenda precati,
discedunt. „etenim fateor me“ dixerit ille
„duci ventre levem, nasum nidore supinor,
inbecillus, iners, siquid vis, adde, popino.
tu cum sis quod ego et fortassis nequior, ultro
insectere velut melior verbisque decoris
obvolvas vitium?“ quid, si me stultior ipso
quingentis empto drachmis deprenderis? aufer
me voltu terrere; manum stomachumque teneto,
dum quae Crispini docuit me ianitor edo.
te coniunx aliena capit, meretricula Davum:
peccat uter nostrum cruce dignius? acris ubi me
natura intendit, sub clara nuda lucerna
quaecumque excepit turgentis verbera caudae
clunibus aut agitavit equum lasciva supinum,
dimittit neque famosum neque sollicitum, ne
ditior aut formae melioris meiat eodem.
tu cum proiectis insignibus, anulo equestri
Romanoque habitu, prodis ex iudice Dama
turpis, odoratum caput obscurante lacerna
non es quod simulas? metuens induceris atque
altercante libidinibus tremis ossa pavore.
quid refert, uri virgis ferroque necari
auctoratus eas, an turpi clausus in arca,
quo te demisit peccati conscia erilis,
contractum genibus tangas caput? estne marito
matronae peccantis in ambo iusta potestas?
in corruptorem vel iustior: illa tamen se
non habitu mutatve loco peccatve superne,
cum te formidet mulier neque credat amanti.
ibis sub furcam prudens dominoque furenti
committes rem omnem et vitam et cum corpore famam.
evasti: credo, metues doctusque cavebis:
quaeres, quando iterum paveas iterumque perire
possis, o totiens servus. quae belua ruptis,
cum semel effugit, reddit se prava catenis?

„non sum moechus“ ais. neque ego hercule fur, ubi vasa
praetereo sapiens argentea. tolle periclum:
iam vaga prosiliet frenis natura remotis.
tune mihi dominus, rerum imperiis hominumque
tot tantisque minor, quem ter vindicta quaterque
inposita haud umquam misera formidine privet?
adde super, dictis quod non levius valeat; nam,
sive vicarius est, qui servo paret, uti mos
vester ait, seu conservus, tibi quid sum ego? nempe

conviva, ae *m.:* Gast • **ocius:** *hier:* gleich • **ecquis:** jemand? • **(35) blaterare:** herschwätzen • **precari:** wünschen • **nasum . . . supinor:** ich richte meine Nase nach dem Bratendunst • **inbecillus,** a, um: energielos • **iners,** ertis: faul • **popino,** onis *m.:* Schlemmer • **(40) fortassis:** vielleicht • **nequior,** *Pos.:* nequam liederlich • **ultro:** obendrein • **insectari:** angreifen • **obvolvere,** -volvi, -volutus: bemänteln • **quingenti,** ae, a: 500 • **drachma,** ae *f.:* gr. Silbermünze, im Wert des Denar • **deprendere,** -di, -sus: ertappen • **aufer:** hier: laß ab • **stomachus,** i *m.:* Türhüter • **meretricula,** ae *f.:* Dirne • **peccare:** sündigen • **crux,** cis *f.:* Kreuz • **lucerna,** ae *f.:* Öllampe • **turgere,** -eo: geschwollen sein • **verbera,** um *n. Pl.:* Stöße • **cauda,** ae *f.:* Schwanz • **(50) clunes,** ium *m. f. Pl.:* Hintern • **lascivus,** a, um: ausgelassen • **famosus,** a, um: *hier:* um den guten Ruf besorgt • **meiere,** meo: sich entladen • **proicere,** -io, -ieci, -iectus: abwerfen • **insigne,** is *n.:* Zeichen (des Ranges) • **habitus,** us *m.:* Kleidung • **(55) odoratus,** a, um: parfümiert • **lacerna,** ae *f.:* Kapuzenmantel • **altercare:** streiten • **tremere,** ui: zittern • **os,** ossis *n.:* Knochen • **pavor,** ris *m.:* Furcht • **virga,** ae *f.:* Peitsche • **auctoratus:** verpflichtet (*als Gladiator*) • **arca,** ae *f.:* Kiste • **(60) erilis:** *hier:* Zofe • **corruptor,** oris *m.:* Verführer • **(65) ire sub furcam:** in Knechtschaft geraten • **evasti:** *Kurzform zu:* evasisti • **(70) belua,** ae *f.:* Tier • **semel:** einmal • **pravus,** a, um: dumm • **catena,** ae *f.:* Kette • **hercule:** beim Herkules • **fur,** ris *m.:* Dieb • **vagus,** a, um: unstet, zügellos • **prosilire,** -ui: springen • **frenum,** i *n.:* Zügel • **(75) ter . . . quater:** dreimal . . . viermal • **vindicta,** ae *f.:* Freilassungsstab des Praetors • **formido,** inis *f.:* Furcht • **privare:** befreien • **vicarius,** i *m.:* Untersklave • **(80) conservus,** i *m.:* Mitsklave • **nempe:** allerdings

tu, mihi qui imperitas, aliis servis miser atque
duceris ut nervis alienis mobile lignum.

quisnam igitur liber? sapiens, sibi qui imperiosus,
quem neque pauperies neque mors neque vincula terrent,
responsare cupidinibus, contemnere honores
fortis, et in se ipso totus, teres atque rotundus,
externi nequid valeat per leve morari,
in quem manca ruit semper fortuna. potesne
ex his ut proprium quid noscere? quinque talenta
poscit te mulier, vexat foribusque repulsum
perfundit gelida, rursus vocat: eripe turpi
colla iugo liber „liber sum" dic age. non quis.
urget enim dominus mentem non lenis et acris
subiectat lasso stimulos versatque negantem.
vel cum Pausiaca torpes, insane, tabella,
qui peccas minus atque ego, cum Fulvi Rutubaeque
aut Pacideiani contento poplite miror
proelia rubrica picta aut carbone, velut si
re vera pugnent, feriant vitentque moventes
arma viri? nequam et cessator Davus; at ipse
subtilis veterum iudex et callidus audis.
nil ego, si ducor libo fumante: tibi ingens
virtus atque animus cenis responsat opimis?
obsequium ventris mihi perniciosius est cur?
tergo plector enim. qui tu inpunitior illa,
quae parvo sumi nequeunt, obsonia captas?
nempe inamarescunt epulae sine fine petitae
inlusique pedes vitiosum ferre recusant
corpus. an hic peccat, sub noctem qui puer uvam
furtiva mutat strigili: qui praedia vendit,
nil servile gulae parens habet? adde, quod idem
non horam tecum esse potes, non otia recte
ponere teque ipsum vitas fugitivus et erro,
iam vino quaerens, iam somno fallere curam;
frustra: nam comes atra premit sequiturque fugacem.'

'unde mihi lapidem?' 'quorsum est opus?' 'unde sagittas?'
'aut insanit homo aut versus facit.' 'ocius hinc te
ni rapis, accedes opera agro nona Sabino.'

nervus, i *m.:* Faden • **lignum,** i *m.:* Holzfigur • **pauperies,** ei *f.:* Armut • **(85) responsare:** widerstehen • **cupido,** inis *f.:* Begierde • **teres,** etis: abgerundet • **rotundus,** a, um: vollkommen • **externus,** a, um: von außen kommend • **mancus,** a, um: machtlos • **talentum,** i *n.:* größte Münzeinheit im Wert von 6 000 Drachmen • **(90) foris,** is *f.:* Tür • **repellere,** reppuli, repulsus: abweisen • **perfundere,** -fudi, -fusus: überschütten • **gelida,** ae *f.:* kaltes Wasser • **collum,** i *n.:* Hals • **quire,** queo, quivi, quitum: können • **subiectare lasso stimulos:** anspornen • **versare:** zurückwerfen • **(95) torpere,** -eo, -ui: starr stehen vor • **tabella,** ae *f.:* Bild • **poples,** itis *m.:* Knie • **rubrica,** ae *f.:* Rötel • **carbo,** *onis m.:* Kohle • **ferire:** schlagen • **(100) cessator,** oris *m.:* Bummler • **subtilis,** e: fein • **veteres,** um *m.:* die alten Klassiker • **callidus,** a, um: beschlagen • **libum,** i *n.:* Kuchen • **fumare:** dampfen • **opimus,** a, um: herrlich • **obsequium,** i *n.:* Nachgiebigkeit • **(105) plectari,** -or, -i: Prügel bekommen • **nequire:** *cf.* quire • **obsonium,** i *n.:* Leckerbissen • **inamarescere:** zur bitteren Galle werden • **epulae,** arum *f.:* Schmaus • **inlusi . . . pedes:** Füße, die nicht mehr stehen können • **vitiosus,** a, um: geschwächt • **uva,** ae *f.:* Traube • **(110) furtivus,** a, um: gestohlen • **strigilis,** is *f.:* Striegel, Kamm • **praedium,** i *n.:* Besitztum • **gula,** ae *f.:* Gaumen • **erro,** onis *m.:* Landstreicher • **(115) atrus,** a, um: finster • **fugax,** cis: flüchtig • **lapis,** idis *m.:* Stein • **opera,** ae *f.:* Knecht • **nonus,** a, um: neunter

Rechtslage der Sklaven

2 Gaius: *Institutiones I 9–11; 48–52*

Gaius, 2. Jh. n. Chr., Rechtsgelehrter unter Kaiser Hadrian. Gaius entwickelte die Rechtsprobleme nicht neu, sondern schematisierte in seinem Lehrbuch lediglich das bis dahin Entwickelte und brachte es in eine verständliche Darstellung.

9 Summa divisio de iure personarum haec est, quod omnes homines aut liberi sunt aut servi. **10** Rursus liberorum hominum alii ingenui sunt, alii libertini. **11** Ingenui sunt, qui liberi nati sunt; libertini, qui ex iusta servitute manumissi sunt.
48 Sequitur de iure personarum alia divisio. Nam quaedam personae sui iuris sunt, quaedam alieno iuri sunt subiectae. **49** Sed rursus earum personarum quae alieno iuri subiecatae sunt, aliae in potestate, aliae in manu, aliae in mancipio sunt. **50** Videamus nunc de iis quae alieno iuri subiectae sint; si cognoverimus quae istae personae sint, simul intellegemus quae sui iuris sint. **51** Ac prius dispiciamus de iis qui in aliena potestate sunt.
52 In potestate itaque sunt servi dominorum. Quae quidem potestas iuris gentium est; nam apud omnes peraeque gentes animadvertere possumus dominis in servos vitae necisque potestatem esse et quodcumque per servum adquiritur, id domino adquiritur.

(11) ingenuus, a, um: freigeboren ● **libertinus,** a, um: freigelassen ● **manumittere,** -misi, -missus: freilassen ● **(52) peraeque** *(Adv.):* völlig gleich ● **nex,** cis *f.:* Tod ● **adquirere,** -quisivi, -quisitus: erwerben

3 Cornelius Tacitus: *Annales ab excessu Divi Augusti 13, 32, 1; 14, 42–45*

P. Cornelius Tacitus, beinahe gleichaltrig mit dem jüngeren Plinius (geb. 61/62 n. Chr.), der letzte große Geschichtsschreiber Roms. 88 Prätor und Quindecimvir, 97 Konsul unter Nerva, 112/113 (?) Statthalter von Asia
Werke: De vita Iulii Agricolae, Dialogus de oratoribus, De origine et situ Germanorum, Historiae, Annales ab excessu Divi Augusti

Tacitus behandelt in seinem letzten Werk, den sog. Annalen, die Frühzeit des römischen Prinzipats vom Tode des Augustus (daher ihr Titel ‚Ab excessu Divi Augusti') bis zum Ende der Regierungszeit des Kaisers Nero. Die beiden folgenden Textausschnitte berichten von Ereignissen aus der Regierungszeit Neros: der erste bezieht sich auf das Jahr 57 n. Chr., der zweite auf das Jahr 61 n. Chr.

32 (1) Factum et senatus consultum ultioni iuxta et securitati, ut, si quis a suis servis interfectus esset, ii quoque, qui testamento manu missi sub eodem tecto mansissent, inter servos supplicia penderent.
42 (1) Haud multo post praefectum urbis Pedanium Secundum servus ipsius interfe-

32 (1) **ultioni . . . et securitati:** *finale Dative;* **ultio:** Rache ● **securitas:** Sicherheit ● **iuxta** *(Adv.):* ebenso ● **ut:** *explikativ* ● **testamentum:** Testament, testamentarische Bestimmung ● **manu mittere:** freilassen ● **supplicia pendere:** bestraft werden ● **42** (1) **haud multo post:** *Anschluß*

cit, seu negata libertate, cui pretium pepigerat, sive amore exoleti incensus et dominum aemulum non tolerans. (2) Ceterum cum vetere ex more familiam omnem, quae sub eodem tecto mansitaverat, ad supplicium agi oporteret, concursu plebis, quae tot innoxios protegebat, usque ad seditionem ventum est, senatusque vocatus, in quo ipso erant studia nimiam severitatem aspernantium, pluribus nihil mutandum censentibus; ex quis C. Cassius sententiae loco in hunc modum disseruit:

43 (1) „Saepenumero, patres conscripti, in hoc ordine interfui, cum contra instituta et leges maiorum nova senatus decreta postularentur; neque sum adversatus, non quia dubitarem super omnibus negotiis melius atque rectius olim provisum et quae converterentur in deterius mutari, sed ne nimio amore antiqui moris studium meum extollere viderer. (2) Simul quidquid hoc in nobis auctoritatis est, crebris contradictionibus destruendum non existimabam, ut maneret integrum, si quando res publica consiliis eguisset.

Quod hodie evenit, consulari viro domi suae interfecto per insidias serviles, quas nemo prohibuit aut prodidit quamvis nondum concusso senatus consulto, quod supplicium toti familiae minitabatur.

(3) Decernite hercule impunitatem: at quem dignitas sua defendet, cum praefecto urbis non profuerit? Quem numerus servorum tuebitur, cum Pedanium Secundum quadringenti non protexerint? Cui familia opem feret, quae ne in metu quidem pericula nostra advertit? (4) An, ut quidam fingere non erubescunt, iniurias suas ultus

an die vorhergehenden Kapitel, in denen Tacitus von einer von einem Senator verübten Testamentsfälschung berichtet hatte. • **praefectus urbis:** *ein von Augustus wieder eingerichtetes Amt, das meist mit einem Konsular besetzt wurde. Der Stadtpräfekt war Vertreter des Kaisers, wenn dieser von Rom abwesend war. Seine Aufgaben lagen im Bereich der Gerichtsbarkeit und der Aufsicht über die Polizei.* • **L. Pedanius Secundus:** *stammte aus Spanien, war 43 n. Chr.* consul suffectus, *einer der ersten Vertreter der Provinzaristokratie, die im Prinzipat Karriere machte.* • **pretium pangere:** einen Preis festsetzen; *mit Einwilligung des* dominus *konnte ein Sklave sich ein Sondervermögen* (peculium) *erwerben; das* peculium *war juristisch Eigentum des* dominus, *konnte aber vom Sklaven verwendet werden, um sich freizukaufen.* • **exoletus:** Lustknabe • **aemulus:** Nebenbuhler • (2) **ceterum:** aber, gleichwohl • **familia:** Gesinde • **tectum:** Haus • **mansitare:** *Intensivum zu* manere • **innoxius:** unschuldig • **protegere:** schützen • **vocatus:** *Ergänze* 'est' • **seditio:** Aufstand • **severitas:** Strenge • **aspernari:** ablehnen, verwerfen • **ex quis:** ≈ ex quibus • **C. Cassius (Longinus):** *Nachkomme des Cäsarmörders, 30 n. Chr.* consul suffectus, *40/41 Prokonsul in Asia, nimmt 65 an der sog. Pisonischen Verschwörung gegen Nero teil, unter Vespasian rehabilitiert; mit einer Urenkelin des Augustus verheiratet; bedeutender Rechtsgelehrter seiner Zeit.* • **sententiae loco:** als die Reihe bei der Meinungsabgabe an ihn kam • **in hunc modum:** auf die folgende Weise • **disserere (serui):** erörtern, sich äußern • **43** (1) **saepenumero:** oft • **in hoc ... interfui:** ich habe an Sitzungen des Gremiums teilgenommen • **decretum:** Beschluß • **adversari:** sich widersetzen • **non quia ... sed ne:** *Änderung der Konstruktion* • **providere super:** Verfügungen treffen über • **converti:** sich wandeln • **studium:** *hier:* Beschäftigung; *Hinweis auf Cassius' Tätigkeit als Rechtsgelehrter* • **extollere:** erheben, rühmen • (2) **quidquid hoc:** ≈ quidquid id est, quod ... • **contradictio:** Widerprechen • **destruere:** zerstören • **consulari viro:** *vgl. zu (42,1)* • **insidiae serviles:** ≈ insidiae servorum. • **quamvis:** ≈ quamquam • **senatus consultum cuncutere** (-cutio): einen Senatsbeschluß außer Kraft setzen • **minitare:** *Intensivum* zu minari: drohen • (3) **impunitas:** Straflosigkeit • **hercule:** *(Ausruf):* bei Herkules! • **opem ferre:** Hilfe bringen • **ne in metu quidem:** nicht einmal trotz ihrer Furcht • **advertere:** achten auf • **pericula nostra:** Gefahren, die uns drohen • (4) **erubescere:** sich schämen • **an .. caesum videri:** *dieser ganze Passus ist stark ironisch gefärbt; da der Sklave Be-*

est interfector, quia de paterna pecunia transegerat aut avitum mancipium detrahebatur? Pronuntiemus ultro dominum iure caesum videri!

44 (1) Libet argumenta conquirere in eo, quod sapientioribus deliberatum est? Sed et si nunc primum statuendum haberemus, creditisne servum interficiendi domini animum sumpsisse, ut non vox minax excideret, nihil per temeritatem proloqueretur? Sane consilium occultavit, telum inter ignaros paravit: num excubias transire, cubiculi fores recludere, lumen inferre, caedem patrare poterat omnibus nesciis?
(2) Multa sceleris indicia praeveniunt: servi si prodant, possumus singuli inter plures, tuti inter anxios, postremo, si pereundum sit, non inulti inter nocentes agere.
(3) Suspecta maioribus nostris fuerunt ingenia servorum, etiam cum in agris aut domibus eisdem nascerentur caritatemque dominorum statim acciperent. Postquam vero nationes in familiis habemus, quibus diversi ritus, externa sacra aut nulla sunt, colluviem istam non nisi metu coercueris.
(4) At quidam insontes peribunt. Nam et ex fuso exercitu cum decimus quisque fusti feritur, etiam strenui sortiuntur. Habet aliquid ex iniquo omne magnum exemplum, quod contra singulos utilitate publica rependitur."

45 (1) Sententiae Cassi ut nemo unus contra ire ausus est, ita dissonae voces respondebant numerum aut aetatem aut sexum ac plurimorum indubiam innocentiam miserantium: praevaluit tamen pars, quae supplicium decernebat. Sed obtemperari non poterat, conglobata multitudine et saxa ac faces minitante. (2) Tum Caesar populum edicto increpuit atque omne iter, quo damnati ad poenam ducebantur, militaribus praesidiis saepsit. Censuerat Cingonius Varro, ut liberti quoque, qui sub eodem tecto fuissent, Italia deportarentur. Id a principe prohibitum est, ne mos antiquus, quem misericordia non minuerat, per saevitiam intenderetur.

sitz des Herrn ist, kann er selbst weder Vermögen (Geld oder Sklaven) besitzen. ● **paternus:** vom Vater ererbt ● **transigere:** ein Abkommen treffen ● **avitus:** vom Großvater ererbt ● **pronuntiare:** verkünden, offen und deutlich sagen ● **ultro:** noch obendrein ● **44** (1) **libet:** es beliebt ● **argumentum:** Gesichtspunkt ● **sapientioribus:** *ergänze* 'a' ● **statuendum habere:** Bestimmungen treffen müssen ● **animum sumere:** Plan fassen ● **minax:** drohend ● **excidere:** entschlüpfen ● **temeritas:** Unbesonnenheit ● **proloqui:** ≈ loqui ● **sane:** zugeben, daß ● **excubiae, -arum:** Wachen *(vor dem Schlafgemach* ● **transire:** vorbeigehen an ● **fores, -ium,** *f.:* Tür ● **cubiculum:** Schlafgemach● **recludere:** aufschließen, öffnen ● **patrare:** ausführen ● **nescius:** nicht wissend, ohne Wissen ● (2) **praevenire:** vorausgehen ● **anxius:** ängstlich, voll Angst ● **si pereundem sit:** *ergänze:* servis ● **inultus:** ungerächt ● **nocens:** schuldig ● (3) **dominorum:** *Gen. obiect.* ● **caritas:** Liebe ● **natio:** *bezieht sich hier nicht nur auf die angewachsene Zahl der Sklaven, sondern auch auf ihre verschiedene Herkunft* ● **diversus:** gemeint ist: *von den römischen Gebräuchen* ● **ritus, -us:** *(religiöser)* Brauch ● **externus:** ausländisch ● **colluvies:** zusammengewürfeltes Gesindel ● (4) **insons:** unschuldig ● **nam et:** ≈ nam etiam ● **fustis:** Prügel, Stock ● **ferire:** schlagen, töten ● **strenuus:** tapfer ● **sortiri:** das Los ziehen ● **iniquum** *(Subst.):* Ungerechtigkeit ● **exemplum:** *hier:* Maßnahme ● **utilitas:** Nutzen ● **rependere:** aufwiegen ●
45 (1) **nemo unus:** niemand als einzelner ● **contra ire:** dagegen auftreten, widersprechen ● **dissonus:** verworren ● **sexus, -us:** . Geschlecht ● **indubius:** unzweifelhaft ● **innocentia:** Unschuld ● **miserari:** beklagen ● **praevalere:** überwiegen ● **obtemperare:** Folge leisten ● **conglobare:** zusammenscharen ● **minitari:** drohend schütteln ● **fax:** Fackel ● (2) **edictum:** Erlaß ● **increpare:** tadeln ● **saepire:** absperren ● **libertus:** Freigelassener ● **deportare:** fortschaffen, entfernen ● **minuere:** schwächen ● **per saevitiam:** durch Grausamkeit ● **intendere:** *hier:* verschärfen

4 Apuleius: *De asino aureo VIII 22*

Apuleius, 2. Jh. n. Chr. Geboren in Nordafrika, Sohn eines hohen Beamten, Studium in Karthago, Rom und Athen, Wanderredner (als Verteidiger vor Gericht und Lehrer der Rhetorik)
Hauptwerk: Metamorphosen oder Der goldene Esel
Schilderung der Erlebnisse eines jungen Mannes, Lucius, der durch den ahnungslosen Gebrauch eines Zaubermittels in einen Esel verwandelt wird und nach wechselreichen Schicksalen durch das Fressen von Rosen bei einer Isisprozession die menschliche Gestalt wiedererhält

Celerrime denique longo itinere confecto pagum quendam accedimus ibique totam perquiescimus noctem. Inibi coeptum facinus oppido memorabile narrare cupio. **2** Servus quidam, cui cunctam familiae tutelam dominus permiserat suus quique possessionem maximam illam, in quam deverteramus, villicabat, habens ex eodem famulitio conservam coniugam, liberae cuiusdam extrariaeque mulieris flagrabat cupidine. **3** Quo dolore paelicatus uxor eius instricta cunctas mariti rationes et quicquid horreo reconditum continebatur admoto combussit igne. Nec tali damno tori sui contumeliam vindicasse contenta, iam contra sua saeviens viscera laqueum sibi nectit infantulumque, quem de eodem marito iam dudum susceperat, eodem funiculo nectit seque per altissimum puteum adpendicem parvulum trahens praecipitat. **4** Quam mortem dominus eorum aegerrime sustinens adreptum servulum, qui causam tanti sceleris uxori suae praestiterat, nudum ac totum melle perlitum firmiter alligavit arbori ficulneae, cuius in ipso carioso stipite inhabitantium formicarum nidificia borriebant et ultro citro commeabant multiiuga scaturrigine. **5** Quae simul dulcem ac mellitum corporis nidorem persentiscunt, parvis quidem, sed numerosis et continuis morsiunculis penitus inhaerentes, per longi temporis cruciatum ita, carnibus atque ipsis visceribus adesis, homine consumpto membra nudarunt, ut ossa tantum viduata pulpis nitore nimio candentia funestae cohaererent arbori.

(1) pagus, i *m.:* Dorf ● **incipere,** incipio, coepi, coeptus: *hier:* begehen ● **(2) tutela,** ae *f.:* Obhut ● **permittere,** -misi, -missus: *hier:* überlassen, anvertrauen ● **deverti,** devertor, deverti, -versus: absteigen ● **villicare:** bewirtschaften ● **famulitium,** i *n.:* Gesinde ● **conserva,** ae *f.:* Mitsklavin ● **extrarius,** a, um: auswärtig, nicht zum Hause gehörig ● **flagrare:** erfüllt sein ● **(3) paelicatus,** us *m.:* Liebschaft ● **instrictus,** a, um: verbittert ● **ratio,** onis *f.: hier:* Rechnung, Papier ● **horreum,** i *n.:* Speicher ● **recondire:** verbergen ● **comburere,** -ussi, -ustus: verbrennen ● **torus,** i *m.:* Ehebett ● **contumelia,** ae *f.:* Schande ● **laqueus,** i *m.:* Strick ● **nectere,** nexi *oder* nexui, nexus: anbinden ● **infantulus,** i *m.:* das kleine Kind ● **funiculum,** i *n.:* Strick ● **puteus,** i *m.:* Brunnen ● **adpendix,** cis *f.:* Anhängsel ● **(4) adripere,** -ripio, -ripui, -reptus: ergreifen ● **praestare,** -stiti, -stitus, -staturus: geben ● **mel,** mellis *n.:* Honig ● **perlitus,** a, um: beschmiert ● **arbor ficulnea:** Feigenbaum ● **cariosus,** a, um: morsch ● **stipes,** itis *m.:* Stamm ● **nidificium,** i *n.:* Nest ● **borrire:** wimmeln ● **multiiugus,** a, um: vielfach ● **scaturrigo,** inis *f.:* Wirbel ● **(5) nidor,** oris *m.: Duft* ● **morsiunculus,** i *m.:* der kleine Biß ● **inhaerere,** -haesi, -haesurus: eindringen ● **cruciatus,** us *m.:* Marter ● **nudare:** freilegen ● **os,** ossis *n.:* Knochen ● **viduare** *mit Abl.:* freimachen ● **pulpa,** ae *f.:* Fleisch ● **nitor,** oris *m.:* Glanz ● **candere,** -eo, -dui: glänzend weiß sein ● **funestus,** a, um: unheilbringend

5 L. Annaeus Seneca: *De ira III 40, 1–41, 1*

Lucius Annaeus Seneca, 4 v. Chr. – 65 n. Chr. Geboren in Corduba, Spanien; Studium der Grammatik und Rhetorik in Rom; Vorbereitung auf die politische Laufbahn; daneben Beschäftigung mit der Philosophie. 31 Quästor, Senator und Anwalt unter Kaiser Caligula, 41 Verbannung nach Korsika aufgrund einer Intrige auf Veranlassung von Kaiser Claudius, 49 Rückkehr nach Rom; Lehrer und Erzieher Neros; Übernahme der Regierung bis zu Neros Thronbesteigung (54), 62 Endgültiger Rückzug aus der Politik, 65 Selbstmord, von Nero auferlegt, wegen angeblicher Teilnahme an einer Verschwörung gegen ihn.
Hauptwerke: Tragödien (ca. 49–54 n. Chr.), philosophische Abhandlungen und Briefe an Lucilius (nach 59 n. Chr.)

In dem drei Bücher umfassenden philosophischen Traktat 'De ira', den er seinem Bruder Novatus widmet, kommt Seneca auf die Frage zu sprechen, wie der Zorn eines anderen zu besänftigen sei (videamus, quomodo alienam iram leniamus).

40 (1) Castigare irascentem et ultro obirasci incitare est: (2) varie aggredieris blandeque, nisi forte tanta persona eris, ut possis iram comminuere, quemadmodum fecit divus Augustus, cum cenaret apud Vedium Pollionem.
Fregerat unus ex servis eius crustallinum; rapi eum Vedius iussit ne vulgari quidem more periturum: murenis obici iubebatur, quas ingentes in piscina continebat. Quis non hoc illum putaret luxuriae causa facere? Saevitia erat. – (3) Evasit e manibus puer et confugit ad Caesaris pedes nihil aliud petiturus, quam ut aliter periret, ne esca fieret. Motus est novitate crudelitatis Caesar et illum quidem mitti, crustallina autem omnia coram se frangi iussit complerique piscinam.
(4) Fuit Caesari sic castigandus amicus; bene usus est viribus suis. „E convivio rapi homines imperas et novi generis poenis lancinari? Si calix tuus fractus est, viscera hominis distrahentur? Tantum tibi placebis, ut ibi aliquem duci iubeas, ubi Caesar est?"
41 (1) Si cui tantum potentiae est, ut iram ex superiore loco aggredi possit, male

40 (1) **castigare:** züchtigen • **irasci:** zürnen • **ultro:** obendrein, seinerseits • **obirasci:** *auf jd.* zornig werden • (2) **blandus:** schmeichelnd, freundlich • **persona:** Persönlichkeit • **comminuere:** gänzlich schwächen • **divus Augustus:** *Am 17. 9. 14 n. Chr. war der verstorbene Kaiser Augustus zum Gott erhoben worden; daraufhin wurde er in Rom auf dem Palatin, wo er sein Haus gehabt hatte, in Städten und Provinzen des Imperiums kultisch verehrt.* • **cenare:** speisen • **Vedius Pollio:** *röm. Ritter und Bekannter des Augustus* • **crustallinum:** Kristallbecher • **rapere,** (rapio): *hier:* ergreifen • **vulgaris:** gewöhnlich, üblich • **murena:** Muräne, *ein gesuchter Speisefisch von einem ähnlichen Aussehen wie der Aal; da er schwer zu fangen war, legte man in Rom Fischteiche an, in denen Muränen gezüchtet wurden.* • **piscina:** Fischteich • **saevitia:** Grausamkeit • (3) **evadere:** entkommen • **confugere,** (-fugio): seine Zuflucht nehmen • **esca:** Futter • **novitas:** Neuheit, Ungewöhnlichkeit • **crudelitas:** Grausamkeit • **Caesar:** *C. Octavius war von C. Iulius Caesar testamentarisch zum Haupterben eingesetzt und adoptiert worden. Nach Anerkennung dieser Maßnahmen führte er (ab 43 v. Chr.) den Namen C. Iulius Caesar Octavianus. Nach Caligula wurde Caesar dann Titel der römischen Kaiser.* • (4) **convivium:** Gastmahl • **lancinare:** zerreißen, zerfleischen • **calix,** -cis, *m:* Becher • **viscera,** -um, *n:* Eingeweide • **distrahere:** zerfetzen • **sibi placere:** sich etwas einbilden, hochmütig sein • **duci:** *Ergänze 'ad mortem'* • **41** (1) **superior:** *hier:* überlegen • **dumtaxat:** nur, bloß

tractet, at talem dumtaxat, qualem modo rettuli, feram, immanem, sanguinariam, quae iam insanabilis est, nisi maius aliquid extimuit.

● **ferus:** ungezähmt ● **immanis:** ungeheuerlich ● **sanguinarius:** blutgierig ● **insanabilis:** unheilbar ● **extimescere:** vor etwas in Furcht geraten

6 Martial: *Epigrammata II 82*

M. Valerius Martialis, ca. 40—ca. 103 n. Chr. Geboren in Bilbilis, Spanien, ca. 64—98 n. Chr. Aufenthalt in Rom, wo er als Literat und Klient verschiedener Gönner lebte. Seine Epigramme, die er als einzige Gattung pflegte, umfassen Themen wie Inschriften, festliche Anlässe, Herrscherpreis, gesellschaftliche und auch aktuelle persönliche Ereignisse.

Abscisa servum quid figis, Pontice, lingua?
  Nescis tu populum, quod tacet ille, loqui?

abscindere, -scidi, -scissus: abschneiden ● **figere,** fixi, fixus: *hier:* ans Kreuz schlagen

7 Marcus Tullius Cicero: *Ad Quintum fratrem I 2, 14*

M. Tullius Cicero, 106—43 v. Chr. Geboren in Arpinum, Ausbildung in Rom, Griechenland und Kleinasien. 70 Verres-Prozeß, gilt seitdem als erster Redner Roms; erreicht 63 im Rahmen seiner senatorischen Laufbahn das Konsulat, 58 Exil in Thessalonike und Dyrrhachion, 51 Prokonsul in der Provinz Kilikien, 43 Ermordung bei Caieta.

Werke: Außer Gerichts- und Staatsreden u. a. De oratore, De re publica, De legibus (unvollendet), De officiis

14 Aesopi, nostri familiaris, Licinus servus tibi notus aufugit. Is Athenis apud Patronem Epicureum pro libero fuit; inde in Asiam venit. Postea Plato quidam Sardianus, Epicureus, qui Athenis solet esse multum et qui tum Athenis fuerat, cum Licinus eo venisset, cum eum fugitivum esse postea ex Aesopi litteris cognosset, hominem comprehendit et in custodiam Ephesi tradidit, sed in publicamne an in pistrinum, non satis ex litteris eius intellegere potuimus. Tu, quoquo modo est, quoniam Ephesi est, hominem investiges velim summaque diligentia vel Romam mittas vel tecum deducas. Noli spectare, quanti homo sit – parvi enim pretii est, qui iam nihil sit; sed tanto dolore Aesopus est adfectus propter servi scelus et audaciam, ut nihil ei gratius facere possis, quam si illum per te reciperarit.

(1) Aesopus: Eigenname, *Schauspieler z. Zt. Ciceros* ● **aufugere,** (-io): entfliehen ● **Patron,** -onis: Eigenname, *Leiter der Philosophenschule der Epikureer in Athen* ● **Plato Sardianus:** Plato aus Sardeis, *der Hauptstadt Lydiens in Kleinasien, offenbar ein Bekannter des Schauspielers Aesopus* ● **cognosset:** ≈ cognovisset ● **Ephesus:** *bedeutende Handelsstadt der Provinz Asia, Residenzstadt des römischen Statthalters* ● **(5) custodia:** Gefängnis ● **pistrinum:** Stampfmühle, Mühle, *in der Sklaven mit Ketten gefesselt statt Tieren die Mühle in Betrieb hielten* ● **investigare:** ausfindig machen ● **deducere:** *(aus der Provinz nach Rom)* mitbringen ● **(10) reciperarit:** ≈ *reciperaverit;* **reciperare:** wieder bekommen

Rechtfertigung der Sklaverei

8 Aristoteles: *Politik I 1252 a—1255 a*

Aristoteles, 384—322 v. Chr. Geboren in Stageira auf der Chalkidike, Griechenland. Von ca. 367—348 v. Chr. in der Akademie Platons, 343—340 v. Chr. Erzieher Alexander des Großen, 335 Eröffnung einer eigenen Schule (Lykeion) und allmähliche Abgrenzung zur Lehre Platons

Werk: Schriften über Logik, Physik — einschließlich Naturwissenschaften und Metaphysik — Ethik, Politik, Rhetorik und Poetik.

In den Πολιτικά setzt er sich mit Fragen über den Staat, die Verfassung und die politische Erziehung der Bürger auseinander.

1252 a *1.* Da wir sehen, daß jeder Staat eine Gemeinschaft ist und jede Gemeinschaft um eines Gutes willen besteht (denn alle Wesen tun alles um dessentwillen, was sie für gut halten), so ist es klar, daß zwar alle Gemeinschaften auf irgendein Gut zielen, am meisten aber und auf das unter allen bedeutendste Gut jene, die von allen Gemeinschaften die bedeutendste ist und alle übrigen in sich umschließt. Diese ist der sogenannte Staat und die staatliche Gemeinschaft. [. . .]

2. [. . .] was mit dem Verstand vorauszuschauen vermag, ist von Natur das Regierende und Herrschende, was aber mit seinem Körper das Vorgesehene auszuführen vermag, ist das von Natur Regierte und Dienende. Darum ist auch der Nutzen für Herrn und Diener derselbe.

1252 b Von Natur sind das Weibliche und das Regierte verschieden; denn die Natur macht nichts derart ärmlich wie die Schmiede das delphische Messer, sondern immer Eines für Eines. Denn so wird jedes einzelne Werkzeug am schönsten herauskommen, wenn es nicht vielen Aufgaben, sondern nur einer einzigen dient. Bei den Barbaren freilich haben das Weibliche und das Regierte denselben Rang. Dies kommt daher, daß sie das von Natur Herrschende nicht besitzen, sondern die Gemeinschaft bei ihnen nur zwischen Sklavin und Sklave besteht. Darum sagen die Dichter: „Daß Griechen über Barbaren herrschen, ist gerecht", da nämlich von Natur der Barbar und der Sklave dasselbe sei.

Aus diesen beiden Gemeinschaften entsteht zuerst das Haus, und Hesiod hat mit Recht gedichtet: „Allererst nun ein Haus und das Weib und den pflügenden Ochsen." Denn der Ochse tritt für die Armen an die Stelle des Sklaven. So ist denn die für das tägliche Zusammenleben bestehende natürliche Gemeinschaft das Haus. [. . .]

Die erste Gemeinschaft, die aus mehreren Häusern und nicht nur um des augenblicklichen Bedürfnisses willen besteht, ist das Dorf. Das Dorf scheint seiner Natur nach am ehesten eine Verzweigung des Hauses zu sein, und seine Glieder werden von einigen „Milchgenossen" und „Kinder und Kindeskinder" genannt. [. . .]

Endlich ist die aus mehreren Dörfern bestehende vollkommene Gemeinschaft der Staat. Er hat gewissermaßen die Grenze der vollendeten Autarkie erreicht, zunächst um des bloßen Lebens willen entstanden, dann aber um des vollkommenen Lebens willen bestehend. Darum existiert auch jeder Staat von Natur, da es ja schon die ersten Gemeinschaften tun. Er ist das Ziel von jenen, und das Ziel ist eben der Naturzustand. Denn den Zustand, welchen jedes Einzelne erreicht, wenn seine Entwicklung zum Abschluß gelangt ist, nennen wir die Natur jedes Einzelnen, wie etwa des Menschen, des Pferdes, des Hauses.

Außerdem ist der Zweck und das Ziel das Beste. Die Autarkie ist aber das Ziel und das Beste.

1253 a Daraus ergibt sich, daß der Staat zu den naturgemäßen Gebilden gehört und daß der Mensch von Natur ein staatenbildendes Lebewesen ist; derjenige, der auf Grund seiner Natur und nicht bloß aus Zufall außerhalb des Staates lebt, ist entweder schlecht oder höher als der Mensch; [. . .]

[. . .] die Sprache [. . .] dient dazu, das Nützliche und Schädliche mitzuteilen und so auch das Gerechte und Ungerechte. Dies ist nämlich im Gegensatz zu den andern Lebewesen dem Menschen eigentümlich, daß er allein die Wahrnehmung des Guten und Schlechten, des Gerechten und Ungerechten und so weiter besitzt. Die Gemeinschaft in diesen Dingen schafft das Haus und den Staat.
Der Staat ist denn auch von Natur ursprünglicher als das Haus oder jeder Einzelne von uns. Denn das Ganze muß ursprünglicher sein als der Teil. Wenn man nämlich das Ganze wegnimmt, so gibt es auch keinen Fuß oder keine Hand, außer dem Namen nach, wie etwa eine Hand aus Stein; nur in diesem Sinn wird eine tote Hand noch eine Hand sein. In Wahrheit ist alles bestimmt durch seine besondere Leistung und Fähigkeit, und wenn es diese nicht mehr besitzt, kann es auch nicht mehr als dasselbe Ding bezeichnet werden außer dem bloßen Namen nach.
[. . .]
1253 b *3.* Es ist also klar, aus welchen Teilen der Staat besteht. Sprechen wir nun zuerst über die Hausverwaltung. Denn jeder Staat ist aus Häusern zusammengesetzt. Die Teile der Hausverwaltung sind wiederum jene, aus denen sich das Haus zusammensetzt. Das vollständige Haus setzt sich aus Sklaven und Freien zusammen.
Da nun alles zuerst in seinen kleinsten Teilen untersucht werden muß und die ursprünglichen und kleinsten Teile des Hauses Herr und Sklave, Gatte und Gattin, Vater und Kinder sind, so muß man diese drei Verhältnisse untersuchen und fragen, was jedes sei und wie es sein soll. Es handelt sich also um die Wissenschaft vom Herrenverhältnis, vom ehelichen Verhältnis (denn die Verbindung von Mann und Frau hat sonst keinen eigenen Namen) und vom väterlichen Verhältnis (auch dieses hat keinen eigenen Namen). Diese drei seien angenommen. Dazu kommt noch ein Teil, der für die einen die gesamte Hausverwaltung ausmacht, für die andern ihr bedeutendster Teil ist (wie es sich damit verhält, werden wir noch prüfen); ich meine die sogenannte Erwerbskunst.
Als erstes wollen wir über den Herrn und den Sklaven reden, um die praktischen Notwendigkeiten zu erkennen und zu sehen, ob wir hierüber nicht auch theoretisch Besseres erreichen können als die gegenwärtig geltenden Meinungen. Die einen meinen nämlich, das Herrenverhältnis sei eine Wissenschaft, und zwar sei sie dieselbe wie die Kunst des Hausverwalters, des Staatsmannes und des Fürsten, wie wir im Eingang bemerkt haben. Andere behaupten, das Herrenverhältnis sei gegen die Natur; nur durch Konvention sei der eine ein Sklave, der andere ein Freier, der Natur nach bestünde dagegen kein Unterschied. Darum sei es auch nicht gerecht, sondern gewaltsam.
4. Da nun der Besitz ein Teil des Hauses ist und die Lehre vom Besitz ein Teil der Lehre von der Hausverwaltung (denn ohne die notwendigen Güter kann man weder leben noch vollkommen leben), und da wie für die einzelnen bestimmten Künste die zugehörigen Werkzeuge vorhanden sein müssen, wenn die Aufgabe erfüllt werden soll (und von den Werkzeugen sind die einen beseelt und die andern unbeseelt, wie etwa für den Steuermann das Steuer ein unbeseeltes und der Steuergehilfe ein beseeltes Werkzeug ist – denn beim Handwerk steht der Gehilfe im Rang eines Werkzeugs), so ist auch für den Hausverwalter der Besitz im einzelnen ein Werkzeug zum Leben und im ganzen eine Sammlung solcher Werkzeuge und der Sklave ein beseelter Besitz; jeder Diener ist gewissermaßen ein Werkzeug, das viele andere Werkzeuge vertritt. Wenn nämlich jedes einzelne Werkzeug auf einen Befehl hin, oder einen solchen schon voraus ahnend, seine Aufgabe erfüllen könnte, wie man das von den Standbildern des Daidalos oder den Dreifüßen des Hephaistos erzählt, von denen der Dichter sagt, sie seien von selbst zur Versammlung der Götter erschienen, wenn also auch das Weberschiffchen so webte und das Plektron die Kithara schlüge, dann bedürften weder die Baumeister der Gehilfen, noch die Herren der Sklaven.
1254 a Die Werkzeuge im geläufigen Sinne sind produzierende Werkzeuge, der Besitz dagegen dient dem Handeln. Denn durch das Weberschiffchen wird etwas hergestellt, was von seinem Gebrauch verschieden ist; das Kleid und das Bett sind aber ausschließlich zum Gebrauche da.
Ferner: da sich das Produzieren seiner Art

nach vom Handeln unterscheidet und beide der Werkzeuge bedürfen, so müssen auch diese denselben Unterschied aufweisen. Das Leben wiederum ist ein Handeln und kein Produzieren. Darum ist auch der Sklave ein Gehilfe beim Handeln.

Von einem Besitzstück redet man gleich wie von einem Teil. Der Teil ist nun nicht nur der Teil eines Anderen, sondern gehört überhaupt einem Anderen. Ebenso das Besitzstück. Darum ist der Herr bloß Herr des Sklaven, gehört ihm aber nicht; der Sklave dagegen ist nicht nur Sklave des Herrn, sondern gehört ihm ganz.

Welches die Natur und die Fähigkeit des Sklaven ist, wird hieraus klar. Der Mensch, der seiner Natur nach nicht sich selbst, sondern einem anderen gehört, ist von Natur ein Sklave; einem andern Menschen gehört, wer als Mensch ein Besitzstück ist, das heißt ein für sich bestehendes, dem Handeln dienendes Werkzeug.

5. Ob es nun einen Menschen gibt, der von Natur derart ist oder nicht, und ob es besser und gerecht ist für einen Menschen, Sklave zu sein oder nicht, oder ob überhaupt jede Sklaverei gegen die Natur ist, dies ist nun zu untersuchen.

Es ist nicht schwer, dies theoretisch zu erkennen und aus der Erfahrung zu entnehmen.

Das Herrschen und Dienen gehört nicht nur zu den notwendigen, sondern auch zu den zuträglichen Dingen. Einiges trennt sich gleich von Geburt an, das eine zum Dienen, das andere zum Herrschen. Es gibt viele Arten von Herrschenden und Dienenden; und immer ist jene Herrschaft besser, wo Bessere regiert werden, also besser diejenige über einen Menschen als diejenige über ein Tier. Denn was von Besseren zustande gebracht wird, ist auch eine bessere Leistung; und wo eines regiert und das andere regiert wird, gibt es eine gemeinsame Leistung beider.

Allgemein: wo immer Eines aus Mehrerem zusammengesetzt ist und ein Gemeinsames entsteht, entweder aus kontinuierlichen oder aus getrennten Teilen, da zeigt sich ein Herrschendes und ein Beherrschtes, und zwar findet sich dies bei den beseelten Lebewesen auf Grund ihrer gesamten Natur. Sogar beim Unbelebten gibt es eine Art von Herrschaft, wie in der musikalischen Harmonie. Doch eine Untersuchung darüber gehört wohl nicht hierher.

Das Lebewesen besteht primär aus Seele und Leib, wovon das eine seiner Natur nach ein Herrschendes, das andere ein Beherrschtes ist. Was dabei naturgemäß sei, muß man eher an dem ablesen, was sich normal verhält, als an dem, was verdorben ist. So muß man auch jenen Menschen untersuchen, der sich nach Leib und Seele in der besten Verfassung befindet.

1254 b Da wird dies klar. Denn bei Menschen, die schlecht oder in schlechter Verfassung sind, könnte es oft scheinen, als regiere der Körper die Seele, weil sie sich schlecht und naturwidrig verhalten.

Zuerst also kann man, wie wir sagen, beim Lebewesen das Herrenverhältnis und das staatsmännische Verhältnis beobachten. Denn die Seele regiert über den Körper in der Weise eines Herrn und der Geist über das Streben in der Weise eines Staatsmannes oder Fürsten. Daraus wird klar, daß es für den Körper naturgemäß und zuträglich ist, von der Seele beherrscht zu werden; ebenso für den leidenschaftsbegabten Teil der Seele, vom Geiste und vom vernunftbegabten Teil beherrscht zu werden; Gleichheit oder ein umgekehrtes Verhältnis wäre für alle Teile schädlich.

Ebenso steht es mit dem Verhältnis zwischen dem Menschen und den anderen Lebewesen. Die zahmen sind ihrer Natur nach besser als die wilden, und für alle zahmen Tiere ist es am besten, wenn sie vom Menschen regiert werden. Denn so bleiben sie am Leben erhalten.

Desgleichen ist das Verhältnis des Männlichen zum Weiblichen von Natur so, daß das eine besser, das andere geringer ist, und das eine regiert und das andere regiert wird.

Auf dieselbe Weise muß es sich nun auch bei den Menschen im allgemeinen verhalten. Diejenigen, die so weit voneinander verschieden sind wie die Seele vom Körper und der Mensch vom Tier (dies gilt bei allen denjenigen, deren Aufgabe die Verwendung ihres Körpers ist und bei denen dies das Beste ist, was sie leisten können), diese sind Sklaven von Natur, und für sie ist es, wie bei den vorhin genannten Beispielen, besser, auf die entsprechende Art regiert zu werden.

Von Natur ist also jener ein Sklave, der einem andern zu gehören vermag und ihm darum auch gehört, und der so weit an der Vernunft teilhat, daß er sie annimmt, aber nicht selbständig besitzt. Die andern Lebewesen dienen so, daß sie nicht die Vernunft annehmen, sondern nur Empfindungen gehorchen. Doch ihre Verwendung ist nur wenig verschieden: denn beide helfen dazu, mit ihrer körperlichen Arbeit das Notwendige zu beschaffen, die Sklaven wie die zahmen Tiere.
Die Natur hat die Tendenz, auch die Körper der Freien und der Sklaven verschieden zu gestalten, die einen kräftig für die Beschaffung des Notwendigen, die anderen aufgerichtet und ungeeignet für derartige Verrichtungen, doch brauchbar für das politische Leben (das seinerseits aufgeteilt wird in die Bedürfnisse des Krieges und diejenigen des Friedens). Immerhin kommt oft das Gegenteil vor, daß die einen den Körper von Freien haben und die andern die Seele. Doch dies ist allerdings klar: wenn sich die einen bloß körperlich so weit abhöben wie die Standbilder der Götter, so würden schon alle zugeben, daß diejenigen, die dies nicht erreichten, mit Recht die Sklaven von jenen wären. Wenn dies beim Körper zutrifft, so kann man dasselbe mit noch viel mehr Recht von der Seele behaupten. Nur ist es nicht gleich leicht, die Schönheit der Seele zu erkennen, wie diejenige des Körpers.

1255 a Es ist also klar, daß es von Natur Freie und Sklaven gibt und daß das Dienen für diese zuträglich und gerecht ist.
6. Daß aber auch jene, die das Gegenteil behaupten, in einer gewissen Weise recht haben, ist nicht schwer einzusehen. Denn Sklaverei und Sklave werden in einem doppelten Sinne verstanden. Es gibt nämlich auch Sklaven und Sklaverei gemäß dem Gesetz. Das Gesetz ist ja eine Vereinbarung darüber, daß, wie man sagt, das im Kriege Besiegte Eigentum des Siegers wird. Gegen dieses Recht erheben viele von denen, die sich theoretisch mit den Gesetzen beschäftigen, Klage auf Gesetzwidrigkeit, als gingen sie gegen einen Politiker vor: es wäre schrecklich, wenn das Überwältigte der Sklave und Diener dessen sein sollte, der es überwältigen könne und es an Macht überträfe. So haben sogar unter den Weisen die einen diese, die andern jene Meinung.
Die Ursache dieser Differenz, die bewirkt, daß die Argumente hin und her gehen, ist die, daß die Tüchtigkeit, wenn sie die Mittel besitzt, in gewisser Weise auch am leichtesten anderes zu überwältigen vermag und daß das Siegende stets auch eine Überlegenheit an irgendeinem Gute aufweist. Also scheint die Gewalt nicht ohne Tüchtigkeit zu bestehen. Der Streit betrifft nur die rechtmäßige Ausübung der Gewalt; so scheint nämlich den einen die Gerechtigkeit im Wohlwollen zu bestehen, den andern aber gerade die Herrschaft des Stärkeren gerecht zu sein. Wenn man indessen diese Begriffe voneinander trennt, so hat die erste Behauptung, daß nämlich das an Tüchtigkeit Bessere herrschen und regieren solle, weder Gewicht noch Glaubwürdigkeit.
Allgemein gesagt, halten sich einige an ein gewisses Recht, wie sie meinen (denn das Gesetz ist ein gewisses Recht), und erklären, die Sklaverei auf Grund von Kriegen sei gerecht und auch wieder nicht. Denn der Ausgangspunkt von Kriegen kann ungerecht sein, und wer, ohne es zu verdienen, in Sklaverei gerät, den kann man in keiner Weise einen Sklaven nennen. Andernfalls könnten die anerkannt Adligsten zu Sklaven werden und zu Kindern von Sklaven, wenn sie eben gefangengenommen und verkauft werden. Darum wollen jene auch nicht solche Menschen als Sklaven bezeichnen, sondern nur die Barbaren.
Aber wenn sie so reden, suchen sie nichts anderes als das naturgemäße Sklaventum, von dem wir am Anfang gesprochen haben. Denn man muß sagen, daß es Menschen gibt, die unter allen Umständen Sklaven sind, und solche, die es niemals sind.
Dasselbe gilt auch von der Adligkeit. Sich selbst halten sie nicht nur bei sich zu Hause, sondern überall für adlig, die Barbaren aber nur in deren Land; denn es gebe eine Adligkeit und Freiheit, die dies schlechthin sei, und eine andere, die es nicht sei, wie etwa die Helena des Theodektes sagt: „Von beiden Seiten bin ich Sproß aus Götterstamm, wer darf es wagen, mich zu nennen eine Dienerin?“ Wenn sie dies sagen, so unterscheiden sie Sklaven und Freie, Adlige und Unadlige ausschließlich nach der Tugend oder

Schlechtigkeit. Sie meinen nämlich, wie aus dem Menschen ein Mensch und aus einem Tier ein Tier entstehe, so werde auch aus Edlem ein Edles. Dies erstrebt die Natur zwar vielfach, erreicht es aber nicht immer.

Daß also der Streit einen Grund hat und nicht alle Menschen einfach von Natur Freie oder Sklaven sind, ist klar, aber auch, daß dieser Unterschied in einigen Fällen tatsächlich besteht, wo es denn für den einen zuträglich und gerecht ist zu dienen, und für den anderen zu herrschen; und zwar muß jedes in der Art regiert werden oder regieren, wie es seiner Natur entspricht, was denn auch zum Herrenverhältnis führen kann. Schlechtes Regieren ist für beide Teile unzuträglich; denn das Zuträgliche ist dasselbe für den Teil wie für das Ganze, für den Körper wie für die Seele; und der Sklave ist ein Teil des Herrn, gewissermaßen ein beseelter, aber getrennter Teil des Leibes.

Darum gibt es auch etwas Zuträgliches und eine gegenseitige Freundschaft zwischen einem Herrn und einem Sklaven, die dieses ihr Verhältnis von Natur aus verdienen. Besteht es aber nicht von Natur, sondern nach Gesetz und Gewalt, so gilt das Gegenteil.

7. Es ergibt sich auch hieraus, daß das Herrenverhältnis und das staatsmännische Verhältnis nicht identisch sind, und daß überhaupt nicht alle Formen der Regierung einander gleich sind, wie einige meinen. Die eine besteht über von Natur aus Freie, die andere über Sklaven; die Hausverwaltung ist eine Monarchie – denn jedes Haus wird von einem Einzigen regiert –, die Staatsverwaltung ist dagegen eine Herrschaft über Freie und Gleichgestellte.

Herr heißt einer nicht auf Grund einer Wissenschaft, sondern auf Grund seiner Qualität, und ebenso der Freie und der Sklave. Immerhin kann es eine Wissenschaft vom Herren- und vom Sklavenverhältnis geben, die zweite etwa von einer Art, wie sie jener in Syrakus lehrte; dort unterrichtete nämlich jemand für Lohn die jungen Sklaven in den üblichen Dienstleistungen. Eine solche Unterweisung ließe sich auch weiter ausdehnen, etwa auf die Kochkunst und andere derartige Dienste. Denn die Aufgaben sind verschieden, die einen ehrenvoller, die anderen notwendiger, und, wie das Sprichwort sagt: „Jeder Sklave ist nicht wie der andere und jeder Herr auch nicht wie der andere."

Dies sind nun alles Wissenschaften für Sklaven. Die Wissenschaft des Herrn ist aber diejenige, die die Sklaven zu verwenden weiß. Denn der Herr zeigt sich nicht im Erwerben, sondern im Verwenden von Sklaven. Doch hat diese Wissenschaft nichts Großes oder Edles an sich; sie besteht ja nur darin, das anordnen zu können, was der Sklave ausführen können muß. Wer es sich also leisten kann, sich nicht selbst abzumühen, bei dem übernimmt ein Verwalter dieses Amt, und die Herren selbst treiben Politik oder Philosophie.

Die Wissenschaft, Sklaven zu erwerben, ist aber verschieden von beiden; sofern sie von gerechtem Erwerb spricht, ist sie eine Art von Kriegskunst oder Jagdkunst.

Über Sklave und Herr sei also dies festgestellt.

Sklavenaufstände

9 Titus Livius: *Ab urbe condita 32, 26, 4–18*

T. Livius, 59 v. Chr. (?) — 17 n. Chr. Geboren in Patavium (Padua). Römischer Geschichtsschreiber, einer der großen Historiker Roms.
Werk: Libri ab urbe condita (in 142 Büchern wird die Geschichte Roms von den Anfängen bis zum Tod des Drusus im J. 9 v. Chr. erzählt)

Zum Jahr 198 v. Chr. berichtet Livius u. a. das folgende:

4 [...] circa urbem servilis prope tumultus est excitatus. **5** Obsides Carthaginiensium Setiae custodiebantur. Cum iis, ut principum liberis, magna vis servorum erat. **6** Augebant eorum numerum, ut ab recenti Africo bello, et ab ipsis Setinis captiva aliquot nationis eius empta ex praeda mancipia.
7 Ii cum coniurationem fecissent, missis ex eo numero, primum qui in Setino agro, deinde circa Norbam et Cerceios servitia sollicitarent, satis iam omnibus praeparatis, ludis, qui Setiae propediem futuri erant, spectaculo intentum populum aggredi statuerant. **8** Setia per caedem et repentinum tumultum capta Norbam et Cerceios occupaverunt servitia.
Huius rei tam foedae indicium Romam ad L. Cornelium Lentulum praetorem urbanum delatum est. **9** Servi duo ante lucem ad eum venerunt atque ordine omnia, quae facta futuraque erant, exposuerunt. **10** Quibus domi custodiri iussis, praetor senatu vocato edoctoque, quae indices afferent, proficisci ad eam coniurationem quaerendam atque opprimendam iussus, **11** cum quinque legatis profectus obvios in agris sacramento rogatos arma capere et sequi cogebat. **12** Hoc tumultuario dilectu duobus milibus ferme hominum armatis Setiam omnibus, quo pergeret, ignaris venit. **13** Ibi raptim principibus coniurationis comprehensis fuga servorum ex oppido facta est. Dimissi deinde sunt per agros, qui eos vestigarent. [...]
14 Egregia duorum opera servorum indicum et unius liberi fuit. Ei centum milia gravis aeris dari patres iusserunt, servis vicena quina milia aeris et libertatem. Pretium eorum ex aerario solutum est dominis.

(4) circa *(mit Akk.):* in der Nähe von ● **servilis tumultus:** Sklavenaufstand ● **(5) Carthaginienses,** -ium: Einwohner von Karthago. *Der zweite punische Krieg (218 – 201 v. Chr.) endete mit einem Sieg der Römer. Zu den Friedensbedingungen gehörte u. a. die Stellung von punischen Geiseln, die eine Gewähr für die Einhaltung der anderen Friedensbedingungen bieten sollten.* ● **Setia:** Stadt in Latium *(heute Sezze), etwa 50 km südl. von Rom* ● **custodire:** bewachen, in Gewahrsam halten ● **ut:** *leitet den erläuternden Zusatz* 'principum liberis' *ein* ● **principum liberi:** *Scipio, der siegreiche römische Feldherr, hatte sich das Recht ausbedungen, die Geiseln, die nicht jünger als 14 und nicht älter als 30 Jahre sein sollten, auszusuchen; aus je einflußreicherer Familie sie stammten, desto größere Sicherheit boten sie den Römern. Die vornehme Abkunft der Geiseln macht es verständlich, daß sie von karthagischen Sklaven zu ihrer Bedienung begleitet wurden.* ● **(6) ut:** wie es natürlich/naheliegend ist ● **Africum bellum:** *gemeint ist der zweite punische Krieg* ● **et:** ≈ *etiam* ● **captiva mancipia (mancipia,** -orum, n): kriegsgefangene Sklaven ● **nationis eius:** *gemeint sind die Karthager* ● **(7) Setinus ager:** Gebiet um Setia ● **Norba:** Ort 10 km nördlich von Setia *(heute Alcantara)* ● **Cercei, -orum:** Ort etwa 50 km von Setia entfernt *(heute San Felice in der Nähe von Terracina)* ● **servitium:** Sklavenstand, Gruppe von Sklaven ● **praeparare:** vorbereiten ● **propediem:** nächstens ● **spectaculum:** Zuschauen ● **(8) foedus:** gräßlich ● **praetor urbanus:** Stadtprätor; *obwohl seit 367 v. Chr. hauptsächlich für die Gerichtsbarkeit zuständig, kann er in Sonderfällen auch die militärischen Aufgaben der Konsuln wahrnehmen.* ● **(10) edocere:** informieren ● **index:** Angeber, Verräter ● **quaerere:** untersuchen ● **(11) obvius:** entgegenkommend; jemand, auf den man trifft ● **sacramento rogare:** den Fahneneid ablegen lassen, vereidigen ● **(12) tumultuarius:** in Eile vorgenommen ● **omnibus:** *Verbinde mit* ignaris ● **(13) raptim:** eilends ● **vestigare:** aufspüren. *Nach 'vestigarent' liegt eine Textlücke vor, in der wohl vom Erfolg der Suchaktion berichtet wurde.* ● **(14) index:** anzeigend ● **aes grave:** 'altes Geld' *(gegossenes Schwerkupfergeld).* Aes grave *ist die wohl 289 v. Chr. eingeführte Form der Münze. Münzeinheit ist der As; er entspricht der Gewichtseinheit* (libra = 'Pfund'), *die duodezimal in unciae* (vgl. Unze) *geteilt wurde. Die römische libra entsprach ursprünglich 327,45 g. Im Laufe der Zeit wurde die Gewichtseinheit herabgesetzt.* ● **viceni quini:**

15 Haud ita multo post ex eiusdem coniurationis reliquiis nuntiatum est servitia Praeneste occupatura. **16** Eo. L. Cornelius praetor profectus de quingentis fere hominibus, qui in ea noxa erant, supplicium sumpsit. In timore civitas fuit obsides captivosque Poenorum ea moliri. **17** Itaque et Romae vigiliae per vicos servatae iussique circumire eas minores magistratus, et triumviri carceris lautumiarum intentiorem custodiam habere iussi, **18** et circa nomen Latinum a praetore litterae missae, ut et obsides in privato servarentur neque in publicum prodeundi facultas daretur, et captivi ne minus decem pondo compedibus vincti in nulla alia quam in carceris publici custodia essent.

je 25 ● **aerarium:** Staatskasse ● **(15) reliquiae,** arum: Reste ● **Praeneste,** -is, *n.:* Stadt in Latium *(etwa 40 km östl. von Rom, heute Palestrina)* ● **(16) noxa:** Vergehen, Verbrechen ● **captivus:** Gefangener ● **moliri:** unternehmen, anstiften ● **(17) vigilias servare:** (Nacht-)Wache halten ● **vicus:** Stadtviertel, -quartier ● **circumire** *(mit Akk.):* bei jemanden die Runde machen ● **minores magistratus:** *mit diesem Begriff werden einerseits Ädilen und Quästoren gemeinsam benannt, andererseits wird er verwendet, um Magistrate zu bezeichnen, die im Rang unter den Quästoren stehen, wie z. B. die im folgenden genannten* triumviri (*auch* tresviri capitales, *bzw.* tresviri nocturni), *die für die Sicherheit der Stadt während der Nacht zu sorgen hatten.* ● **carcer lautumniarum:** 'Gefängnis bei den Steinbrüchen', *vermutlich ein Ort an der Nordseite des Kapitols* ● **custodia:** *hier:* Aufsicht ● **(18) nomen Latinum:** Gesamtheit aller Latiner ● **prodire:** herausgehen ● **ne minus:** nicht unter ● **pondo** *(Adv.):* dem Gewicht nach ● **compes,** -dis: Fußfessel ● **vincire:** fesseln

10 L. Annaeus Florus: *Epitomae de Tito Livio bellorum omnium annorum DCC libri II*

L. Annaeus Florus, wohl unter Hadrian (117–138) lebend.
Das Werk des Florus ist ein Abriß *(Epitoma)* der römischen Geschichte von Romulus bis zum Jahre 29 v. Chr. Florus unternimmt den Versuch, die Entwicklung des menschlichen und staatlichen Lebens zu parallelisieren. Die hauptsächliche Materialgrundlage ist für ihn das Werk des Titus Livius; für den Bericht über den Krieg mit Spartakus wird er auch Sallusts Historien ausgeschöpft haben.

II 7: Bellum servile

1 Etsi cum sociis – nefas – cum liberis tamen et ingenuis dimicatum est. Quis aequo animo ferat in principe populo bella servorum?
2 Primum servile bellum inter initia urbis Herdonio duce Sabino in ipsa urbe

(1) cum sociis: *im Bundesgenossenkrieg 91 – 89 v. Chr. Die Italiker hatten den Anspruch auf römische Vollbürgerschaft erhoben. Nach harten Auseinandersetzungen mit Rom wurde allen Italikern südlich des Po 89 v. Chr. durch die* Lex Plautia Papiria *das römische Bürgerrecht zuerkannt.* ● **ingenuus:** frei geboren ● **dimicare:** kämpfen ● **bella servorum:** Sklavenkriege, -aufstände ● **(2) inter initia urbis:** zu Anfang der Geschichte Roms ● **Herdonius:** Eigenname; *die Unruhen unter dem Sabiner Herdonius sollen nach Livius (a. u. c. 3, 15 f.) 460 v. Chr. statt-*

temptatum est, cum occupata tribuniciis seditionibus civitate Capitolium obsessum est et a consule receptum. Sed hic tumultus magis fuit quam bellum.
Mox imperio per diversa terrarum occupato, quis crederet Siciliam multo cruentius servili quam Punico bello esse vastatam? – **3** Terra frugum ferax et quodam modo suburbana provincia latifundiis civium Romanorum tenebatur. Hic ad cultum agri frequentia ergastula catenatique cultores materiam bello praebuere.
4 Syrus quidam nomine Eunus – magnitudo cladium facit, ut meminerimus – fanatico furore simulato, dum Syriae deae comas iactat, ad libertatem et arma servos quasi numinum imperio concitavit. **5** Idque ut divinitus fieri probaret, in ore abdita nuce, quam sulphure et igni stipaverat, leniter inspirans flammam inter verba fundebat. **6** Hoc miraculum primo duo milia ex obviis, mox iure belli refractis ergastulis sexaginta amplius milium fecit exercitum. Regisque, ne quid mali deesset, decoratus insignibus castella, vicos, oppida miserabili direptione vastavit. **7** Quin, illud quoque ultimum dedecus belli, capta sunt castra praetorum – nec nominare ipsos pudebit – castra Manlii, Lentuli, Pisonis, Hypsaei. Itaque qui per fugitivarios abstrahi debuissent, praetorios duces profugos proelio ipsi sequebantur.
Tandem Perperna imperatore supplicium de eis sumptum est. **8** Hic enim victos et apud Hennam novissime obsessos cum fame quasi pestilentia consumpsisset, reli-

gefunden haben. ● **tribunicius:** *hier:* durch die Volkstribunen hervorgerufen ● **seditio:** Aufstand, Unruhe ● **recipere** (-cipio): *(aus der Hand der Besetzer)* wiederbekommen, zurückerobern ● **hic:** *Subjekt* ● **mox:** später ● **per diversa terrarum:** in verschiedenen Teilen der Welt ● **cruentus:** blutig (= *Blutvergießen bewirkend),* schlimm ● **Punicum bellum:** *Besonders im ersten punischen Krieg (264 – 241 v. Chr.) hatten die Auseinandersetzungen zwischen Karthago und Rom in Sizilien stattgefunden. Ein Ergebnis dieses Krieges bestand darin, daß die Karthager aus Sizilien verdrängt wurden und der Großteil Siziliens von den Römern zur* **provincia** *gemacht und einem Prätor als Statthalter unterstellt wurde* ● **(3) fruges,** -um, *f.:* (Feld-)Früchte ● **ferax** *(mit Gen.):* fruchtbar an, reich an ● **suburbanus:** in der Nähe Roms liegend ● **latifundium:** *Mit dem Niedergang des Kleinbauerntums und durch die Landgewinne im Zuge der Expansion –* $\frac{1}{3}$ *des eroberten Landes wurde* ager publicus – *konzentrierte sich der Landbesitz immer stärker in den Händen der Nobilität, die den Boden nach rationalen ökonomischen Prinzipien bebauen ließ.* ● **ergastulum:** Sklavenkaserne. *Sklaven, die auf den Latifundien arbeiteten, wurden nachts – meist mit Ketten gefesselt – in den* **ergastula** *untergebracht.* ● **catenatus:** mit Ketten gefesselt ● **cultor:** Arbeiter, Arbeitskraft ● **(4) Syrus . . . Eunus:** *Eunus stammte aus Apameia in Syrien; er war der Anführer im sog. ersten Sizilischen Sklavenkrieg (etw. 136 – 132 v. Chr.)* ● **fanaticus:** von einer Gottheit hervorgerufen ● **Syria dea:** syrische Gottheit; *westsemitische Gottheit, die zusammen mit Baal verehrt wurde. Wegen ihrer Wesensähnlichkeit mit Aphrodite-Astarte und Kybele konnte aus einer ursprünglichen Ortsgottheit eine Welt- und Muttergottheit werden. Von Syrien aus verbreitete sich ihr Kult über Delos, Sizilien, die italischen Küstenstädte und Rom über das gesamte Imperium* ● **coma:** Haar ● **iactare:** schütteln ● **concitare:** bewegen, erregen ● **(5) divinitus** *(Adv.):* durch göttliche Fügung, auf göttlichen Befehl ● **probare:** *hier:* glaubhaft machen ● **nux:** Nuß ● **sulphur,** -uris, *n:* Schwefel ● **stipare:** vollstopfen ● **inspirare:** gegen etwas hauchen ● **(6) miraculum:** Wunder ● **obvius:** jemand, dem man begegnet ● **refrangere:** aufbrechen ● **decorare:** schmücken ● **insigne,** -is, *n* Zeichen, Insignie ● **direptio:** Plünderung ● **(7) quin:** ≈ quin etiam ● **dedecus,** -oris, *n.:* Schande ● **fugitivarius:** jemand, der entlaufene Sklaven fängt; Sklavenjäger ● **praetorius dux:** Heerführer im Rang eines Prätors ● **(M.) Perperna:** *Nach dem Sieg über die Sklaven unter Eunus besiegte*

quias latronum compedibus, catenis crucibusque punivit; fuitque de servis ovatione contentus, ne dignitatem triumphi servili inscriptione violaret.
9 Vixdum respiraverat insula, cum statim Servilio praetore a Syro reditur ad Cilicem. Athenio pastor interfecto domino familiam ergastulo liberatam sub signis ordinat. **10** Ipse veste purpurea argenteoque baculo et regium in morem fronte redimita non minorem quam ille fanaticus prior conflavit exercitum, acriusque multo, quasi et illum vindicaret, vicos, oppida, castella diripiens, in servos infestius quam in dominos quasi in transfugas, saeviebat. **11** Ab hoc quoque praetorii exercitus fusi, capta Servili castra, capta Luculli. Sed Titus Aquilius Perpernae usus exemplo interclusum hostem commeatibus ad extrema compulit comminutasque copias fame armis facile delevit; dedissentque se, nisi suppliciorum metu voluntariam mortem praetulissent. **12** Ac ne de duce quidem supplicium exigi potuit, quamvis vivus in manus venerit: quippe dum circa adprehendendum eum a multitudine contenditur, inter rixantium manus praeda lacerata est.

Perperna 130 v. Chr. in Kleinasien Aristonikos, der Sklaven und Stadtproletariat zum Kampf gegen Rom aufgerufen und den Versuch unternommen hatte, den Staat der Heliopoliten (Sonnenbürger) zu gründen, in dem soziale Gerechtigkeit verwirklicht werden sollte. • **(8) Henna:** *Stadt in Mittelsizilien, auf fast 1 000 m hoher Erhebung gelegen. Henna, wo der Aufstand ausgebrochen war, war Residenz des Eunus; hier war auch ein Zentrum des Demeterkults (vgl. o. § 4:* **Syria dea)** • **fames:** Hunger • **pestilentia:** Seuche • **consumere:** *hier:* aufreiben • **latro:** Räuber, Bandit • **compes:** Fußfessel • **catena:** Kette • **punire:** bestrafen • **ovatio:** est triumphus minor; *eine Ovatio wurde vom Senat gewährt, wenn z. B. wegen der Unwürdigkeit des Gegners kein Triumph gestattet wurde. Der Feldherr betrat im Gegensatz zum Triumphzug entweder zu Pferd oder zu Fuß mit einem Myrtenkranz in der* toga praetexta *ohne Szepter unter Flötenklang die Stadt.* • **inscriptio:** Eintragung; *die Namen der Triumphatoren und Sieger wurden in den* Fasti triumphales *verzeichnet.* • **(9) vixdum:** ≈vix • **respirare:** wieder Atem schöpfen • **reditur:** das Kommando geht über auf.. • **Cilix:** Bewohner der Landschaft Kilikien (*im Südosten Kleinasiens zwischen Pamphylien und Syrien)* • **pastor:** Hirte • **Athenio:** *Eigenname; Anführer des sog. zweiten sizilischen Sklavenkrieges (104 – 100 v. Chr.)* • **sub signis ordinare:** zu Truppen formieren • **(10) purpureus:** purpurfarben • **baculum:** Szepter, Stab • **regius:** königlich • **redimitus:** bekränzt • **conflare:** zusammenblasen, -bringen • **vindicare:** rächen • **infestus:** feindselig • **transfuga,** -ae, *m.:* Überläufer • **saevire:** wüten • **(11) praetorii exercitus:** Heere unter dem Kommando eines Prätors • **Titus Aquilius:** *Nach anderen Quellen* **Manius Aquilius,** *zusammen mit C. Marius 101 v. Chr. Konsul. Blieb 100/99 v. Chr. noch als Prokonsul in Sizilien; nach seiner Rückkehr nach Rom wegen Erpressung in Sizilien angeklagt, aber freigesprochen.* • **comminuere:** entkräften • **voluntarius:** freiwillig • **(12) exigere:** eintreiben, einfordern • **quamvis:** obwohl • **quippe:** denn • **adprehendere:** ergreifen • **rixari:** streiten

II 8: Bellum Spartacium

1 Enimvero et servilium armorum dedecus feras; nam etsi per fortunam in omnia obnoxii, tamen quasi secundum hominum genus sunt et in bona libertatis nostrae

(1) enimvero: in der Tat, freilich • **et:** *(steigernd)* sogar • **feras:** *Potentialis der Gegenwart* • **servilia arma:** Krieg gegen Sklaven • **dedecus,** -oris, *n:* Schande • **obnoxius:** verpflichtet • **adoptari in:** Anteil bekommen an; *gemeint ist die Möglichkeit der Freilassung. Für die Freige-*

adoptantur: bellum Spartaco duce concitatum quo nomine appellem, nescio; **2** quippe cum servi militaverint, gladiatores imperaverint, illi infimae sortis homines, hi pessimae auxere ludibriis calamitatem Romanam.
3 Spartacus, Crixus, Oenomaus effracto Lentuli ludo cum triginta aut amplius eiusdem fortunae viris erupere Capua; servisque ad vexillum vocatis cum statim decem milia amplius coissent, homines modo effugisse contenti, iam et vindicari volebant.
4 Prima sedes velut rabidis beluis mons Vesuvius placuit. Ibi cum obsiderentur a Clodio Glabro, per fauces cavi montis vitineis delapsi vinculis ad imas eius descendere radices et exitu inviso nihil tale opinantis ducis subito impetu castra rapuerunt; **5** inde alia castra, Vareniana, deinceps Thorani; totamque pervagantur Campaniam.
Nec villarum atque vicorum vastatione contenti Nolam atque Nuceriam, Thurios atque Metapontum terribili strage populantur. **6** Affluentibus in diem copiis cum iam esset iustus exercitus, e viminibus pecudumque tegumentis inconditos sibi clipeos et ferro ergastulorum recocto gladios ac tela fecerunt. **7** Ac ne quod decus iusto deesset exercitui, domitis obviis etiam gregibus paratur equitatus, captaque de praetoribus insignia et fasces ad ducem detulere. **8** Nec abnuit ille de stipendiario Thrace miles, de milite desertor, inde latro, deinde in honorem virium gladiator. **9** Quin defunctorum quoque proelio ducum funera imperatoriis celebravit exsequiis captivosque circa rogum iussit armis depugnare, quasi plane expiaturus omne praeteritum dedecus, si de gladiatore munerarius fuisset.

lassenen stellten die Freilasser juristisch gesehen die Väter dar. ● **concitare:** erregen, anfangen ● **(2) quippe cum** *(mit Konj.):* da ja ● **militare:** als Soldat kämpfen ● **imperare:** *hier: im Gegensatz zu* militare: den Oberbefehl haben ● **infimus:** der niedrigste ● **pessimae:** *ergänze:* sortis ● **ludibrium:** Gespött ● **(3) effringere:** aufbrechen, ausbrechen ● **ludus:** *hier:* Gladiatorenkaserne; *die Gladiatoren wurden in einem* ludus *unter Aufsicht eines* lanista *trainiert. Der* lanista *war entweder selbst Eigentümer der Gladiatoren oder Angestellter einer Privatperson, der die Gladiatorentruppe vermietete (vgl. Text Nr. 20 b), oder auch des Staates.* ● **erupere:** ≈ eruperunt; **erumpere:** ausbrechen ● **Capua:** *bedeutendste Stadt im nördlichen Kampanien, bekannt wegen der dort unterhaltenen Gladiatorenkasernen* ● **vexillum:** Fahne ● **coire:** zusammenkommen ● **contentus:** zufrieden ● **vindicari:** sich rächen ● **(4) rabidus:** reißend, wild ● **belua:** (wildes) Tier ● **Vesuvius:** *Vulkan am Golf von Neapel* ● **fauces, -ium, f.:** Schlucht(en) ● **cavus:** hohl, gewölbt ● **vitineus:** aus Rebenholz ● **vinculum:** *hier:* Strick ● **delabi:** sich herabgleiten lassen ● **imus:** der unterste ● **radix:** Wurzel, Fuß eines Berges ● **invisus:** unsichtbar ● **subitus:** plötzlich ● **(5) Vareniana . . . Thorani:** *ergänze jeweils* 'castra' ● **pervagari:** durchstreifen ● **vicus:** Gehöft, Dorf ● **vastatio:** Verwüstung ● **Nola:** *Stadt, nordöstlich des Vesuvs an der Straße von Capua nach Nuceria gelegen* ● **Nuceria:** *Stadt an der Straßenkreuzung Pompeii – Benevent, Nola – Salernum* ● **Thurii – Metapontum:** *Städte am tarentinischen Meerbusen* ● **terribilis:** fürchterlich ● **strages:** Zerstörung ● **populari:** verwüsten, zerstören ● **(6) affluere:** zuströmen ● **vimen,** -inis, *n:* Flechtwerk, Weide ● **pecus,** -udis: = pecus, -oris ● **inconditus:** plump ● **tegumentum:** Decke, Fell ● **clipeus:** Rundschild ● **recoquere:** umschmelzen, einschmelzen ● **(7) domare:** zähmen, fangen ● **obvius:** jemand, den man trifft ● **grex,** gregis, *m:* Herde ● **insigne,** -is, *n.:* Abzeichen ● **(8) abnuere:** ablehnen ● **stipendiarius:** Söldner ● **Thrax:** aus Thrakien ● **desertor:** Deserteur ● **latro:** Räuber, Bandit ● **in honorem:** *hier:* dank ● **(9) quin** ≈ quin etiam ● **defunctus:** tot, gefallen; *Spartakus soll, nachdem sein Mitkämpfer Crixus*

10 Inde iam consulares quoque aggressus in Appenino Lentuli exercitum cecidit, apud Mutinam Publi Crassi castra delevit. **11** Quibus elatus victoriis de invadenda urbe Romana – quod satis est turpitudini nostrae – deliberavit. **12** Tandem enim totis imperii viribus contra myrmillonem consurgitur pudoremque Romanum Licinius Crassus adseruit; a quo pulsi fugatique – pudet dicere – hostes in extrema Italiae refugerunt.

13 Ibi circa Brittium angulum clusi, cum fugam in Siciliam pararent neque navigia suppeterent ratesque ex trabibus et dolia connexa virgultis rapidissimo freto frustra experirentur, tandem eruptione facta digna viris obiere morte **14** et, quod sub gladiatore duce oportuit, sine missione pugnatum est. Spartacus ipse in primo agmine fortissime dimicans quasi imperator occisus est.

durch den Konsul des Jahres 72 v. Chr., L. Gellius Publicola, besiegt worden war, 300 römische Gefangene für ihn als Totenopfer dargebracht haben. – Die ersten Gladiatorenspiele in Rom (264 v. Chr.) waren Leichenspiele. ● **exsequiae,** – arum: Leichenbegängnis ● **imperatorius:** eines Imperators würdig ● **rogus:** Scheiterhaufen ● **depugnare:** auf Leben und Tod kämpfen ● **expiare:** abbüßen lassen ● **munerarius:** Veranstalter von Gladiatorenspielen ● **(10) inde:** ≈ deinde ● **(Cn. Cornelius) Lentulus:** *Konsul des Jahres 72 v. Chr., zusammen mit* L. Gellius Publicola ● **Mutina:** Stadt in der Gallia Cisalpina, *heute Modena* ● **P. Crassus:** *Es liegt hier ein Irrtum des Florus vor; im Jahre 72 v. Chr. war* C. Cassius Longinus *Prokonsul der Gallia Cisalpina* ● **(11) invadere:** angreifen ● **turpitudo:** Schmach ● **deliberare de:** denken an, planen ● **(12) myrmillo:** Gladiator *(kämpft mit einem Helm, einem Schild und einem Schwert bewaffnet, aber ohne Panzer)* ● **consurgere:** sich erheben ● **(M.) Licinius Crassus:** 115 – 53 v. Chr. *(im Kampf gegen die Parther gefallen), bereicherte sich im Zuge der Proskriptionen Sullas und galt als der reichste Mann Roms, schloß 60 v. Chr. zusammen mit Pompeius und Cäsar das sog. erste Triumvirat* ● **adserere** (-serui, -sertum): wieder herstellen ● **fugare:** in die Flucht schlagen ● **refugere** (-fugio): sich flüchten, sich zurückziehen ● **(13) angulus:** Winkel ● **Brittius:** bruttisch *(entspricht dem heutigen Kalabrien)* ● **navigium:** Schiff ● **suppetere:** in genügend großer Anzahl zur Verfügung stehen ● **trabs:** Balken ● **dolium:** Faß ● **connectere:** zusammenknüpfen, -binden ● **virgultum:** Strauchwerk ● **rapidus:** reißend ● **fretum:** freies Meer, Meerenge ● **eruptio:** Ausbruch, Ausbruchsversuch ● **obire:** sterben ● **(14) sine missione pugnare:** *(t. t. der Gladiatorensprache)* bis zum Tod kämpfen ● **dimicare:** kämpfen

11 a Marcus Tullius Cicero: *pro M. Tullio oratio 18–22*

Die folgenden Abschnitte entstammen der nur unvollständig überlieferten Rede Ciceros (vgl. Text 7) 'pro M. Tullio'. Sie wurde im Jahre 72 oder 71 v. Chr. von Cicero gehalten. Der Beklagte ist ein P. Fabius. Der zur Verhandlung stehende Fall ist ein Eigentumsdelikt. Bei Thurii in Lukanien, das unter den Auswirkungen des Sklavenkrieges unter Spartacus besonders zu leiden gehabt hatte, besaß M. Tullius ein Landgut. Das Nachbargrundstück war von P. Fabius und einem Cn. Acerronius, die beide in Kleinasien zu Geld gekommen waren, erworben worden. Da P. Fabius der Besitz des Gutes nicht lukrativ genug zu sein schien, veräußerte er seinen Anteil an seinen Partner. Um für diesen den Zukauf attraktiver zu machen, schlug P. Fabius ein Stück Land, die centuria Populiana, die M. Tullius beanspruchte, seinem Anteil zu.

18 Adducit P. Fabius in saltum homines electos maximis animis et viribus et eis arma, quae cuique habilia atque apta essent, comparat, prorsus ut quivis intellegeret non eos ad rem rusticam, verum ad caedem ac pugnam comparari. **19** Brevi illo tempore Q. Cati Aemiliani, hominis honesti, quem vos nostis, duo homines occiderunt; multa alia fecerunt; passim vagabantur armati – non obscure, sed ut plane intellegere viderentur, ad quam rem parati essent: agros, vias denique infestas habebant.

Venit in Thurinum interea Tullius. Deinde iste pater familias Asiaticus beatus, novus arator et idem pecuarius, cum ambularet in agro, animadvertit in hac ipsa centuria Populiana aedificium non ita magnum servumque M. Tulli Philinum. **20** „Quid vobis“, inquit, „istic negoti in meo est?“ Servus respondit pudenter, at non stulte: dominum esse ad villam; posse eum cum eo disceptare, si quid vellet. Rogat Fabius Acerronium – nam ibi tum erat –, ut secum simul veniat ad Tullium. Venitur. Ad villam erat Tullius. Appellat Fabius, ut aut ipse Tullium deduceret aut ab eo deduceretur. Dicit deducturum se Tullius, vadimonium Fabio Romam promissurum. Manet in ea condicione Fabius. Mature disceditur.

21 Proxima nocte, iam fere cum lux appropinquaret, ad illud aedificium, de quo antea dixi, quod erat in centuria Populiana, servi P. Fabi frequentes armatique veniunt; introitum ipsi sibi vi manuque patefaciunt; homines magni preti servos M. Tulli necopinantes adoriuntur. Quod facile factu fuit, neque tam multos neque repugnantes multi armati paratique occidunt tantumque odi crudelitatisque habuerunt, ut eos omnes gurgulionibus insectis relinquerent, ne, si quem semivivum ac spirantem etiam reliquissent, minor eis honor haberetur. Praeterea tectum villamque disturbant. **22** Hanc rem tam atrocem, tam indignam, tam repentinam nuntiat M. Tullio Philinus, quem antea nominavi, qui graviter saucius e caede effugerat. Tullius statim dimittit ad amicos, quorum ex vicinitate Thurina bona atque honesta copia praesto fuit. Omnibus acerba res et misera videbatur.

(18) saltus, us: Landgut von 800 iugera; *ein iugerum entspricht 2 523 qm* ● **habilis:** leicht zu handhaben, passend ● **prorsus ut . .:** so daß ganz gewiß ● **res rustica:** *hier etwa:* Landarbeit ● **(19) passim:** allenthalben, weit und breit ● **vagari:** umherstreifen ● **infestus:** (a) feindselig, (b) bedroht, unsicher; **infestum habere:** = ~machen ● **in Thurinum:** in das Gebiet von Thurii *(in Lukanien)* ● **Asiaticus:** aus der Provinz Asia ● **arator:** Bauer, Landjunker ● **pecuarius:** Viehzüchter ● **ambulare:** umherwandern ● **centuria Populiana:** populianische Flur *(vgl. Einleitung)* ● **aedificium:** Gebäude ● **(20) pudenter:** schüchtern ● **disceptare:** eine Sache ins reine bringen ● **deducere:** hinwegführen; *als jurist. t. t. bezeichnet das Verb den Vorgang, durch den bei einem streitigen Besitz der eine Anspruch-Erhebende den anderen scheinbar gewaltsam hinwegführt, um die Einleitung eines ordentlichen Prozesses zu ermöglichen.* ● **vadimonium:** Bürgschaftsleistung, Erscheinen vor Gericht; *durch die Leistung einer Bürgschaft sollte gesichert werden, daß man selbst oder durch einen Bevollmächtigten vertreten zum Gerichtstermin erschien* ● **(21) appropinquare:** sich nähern, herankommen ● **introitus,** us: Zugang ● **necopinans:** nichts vermutend, ahnungslos ● **repugnare:** Widerstand leisten ● **crudelitas:** Grausamkeit ● **gurgulio:** Gurgel ● **insecare:** durchschneiden ● **semivivus:** halb lebendig ● **spirare:** atmen ● **disturbare:** zerstören ● **(22) atrox:** fürchterlich ● **saucius:** verwundet

11 b Marcus Tullis Cicero: *pro M. Tullio oratio 7–11*

7 Iudicium vestrum est, recuperatores: QUANTAE PECUNIAE PARET DOLO MALO FAMILIAE P. FABI VI HOMINIBUS ARMATIS COACTISVE DAMNUM DATUM ESSE M. TULLIO. Eius rei taxationem fecimus; aestimatio vestra est; iudicium datum est in quadruplum. **8** Cum omnes leges omniaque iudicia, quae paulo graviora atque asperiora videntur esse, ex improborum iniquitate et iniuria nata sunt, tum hoc iudicium paucis hisce annis propter hominum malam consuetudinem nimiamque licentiam constitutum est. Nam cum multae familiae dicerentur in agris longinquis et pascuis armatae esse caedesque facere, cumque ea consuetudo non solum ad res privatorum, sed ad summam rem publicam pertinere videretur, M. Lucullus, qui summa aequitate et sapientia ius dixit, primus hoc iudicium composuit et id spectavit, ut omnes ita familias suas continerent, ut non modo armati damnum nemini darent, verum etiam lacessiti iure se potius quam armis defenderent; **9** et cum sciret de damno legem esse Aquiliam, tamen hoc ita existimavit, apud maiores nostros cum et res et cupiditates minores essent et familiae non magnae magno metu continerentur, ut perraro fieret, ut homo occideretur, idque nefarium ac singulare facinus putaretur, nihil opus fuisse iudicio de vi coactis armatisque hominibus; quod enim usu non veniebat, de eo si quis legem aut iudicium constitueret, non tam prohibere videretur quam admonere. **11** His temporibus cum ex bello diuturno atque domestico res in eam consuetudinem venisset, ut homines minore religione armis uterentur, necesse putavit esse et in universam familiam iudicium dare, quod a familia factum diceretur, et recuperatores dare, ut quam primum res iudicaretur, et poenam graviorem constituere, ut metu comprimeretur audacia.

(7) recuperatores: Richter; *der fragliche Prozeß fand vor einem Richterkollegium statt, dessen Mitglieder den Titel* recuperatores *haben. Die mit* recuperatores *besetzten Richterkollegien wurden geschaffen, um die Verfahren zu straffen und die Verkündigung des Urteils zu beschleunigen.* • **paret:** *(jurist. t. t.)* es ist offenbar, nachgewiesen • **dolus malus:** *(jurist. t. t.)* Arglist • **armare:** bewaffnen • **-ve:** *hier nicht disjunktiv* • **damnum:** *(jurist. t. t.)* Sachbeschädigung, Schaden • **taxatio:** Abschätzung • **aestimatio:** Festsetzung • **iudicium dare:** *(jurist. t. t.)* eine gerichtliche Untersuchung gestatten; *der röm. Zivilprozeß verlief in zwei Stufen: der erste Teil des Verfahrens* (in iure) *fand vor dem Prätor statt. Er stellte eine* formula *auf, durch die das Prozeßprogramm und die* iudices, *bzw.* recuperatores *festgelegt wurden* **(iudicium dare)**; *der zweite Teil war das Verfahren* in iudice, *innerhalb dessen das Urteil gefällt wurde.* • **in quadruplum:** auf Ersatz des Vierfachen *(gemeint ist das Vierfache des angerichteten Schadens)* • **(8) iniquitas:** Ungerechtigkeit, mangelndes Rechtsgefühl • **iniuria:** Gewalttätigkeit • **licentia:** Zügellosigkeit • **familia:** *hier:* (Sklaven-)Bande • **longinquus:** abgelegen • **pascua,** orum: Weideland • **M. (Licinius) Lucullus:** *116–56 v. Chr., erließ 76 v. Chr. als* Praetor peregrinus *ein Edikt gegen das Bandenunwesen, auf das sich Cicero hier bezieht.* • **iudicium componere:** ein Verfahren einrichten; *die römischen Oberbeamten besaßen das* ius edicendi; *seitdem die beiden Prätoren* (praetor urbanus *und* praetor peregrinus) *für die Gerichtsbarkeit zuständig waren, bildete sich die Praxis heraus, daß sie bei ihrem Amtsantritt bekanntgaben, nach welchen Prinzipien sie ihr Rechtsprechungsamt auszuüben gedachten. Dazu veröffentlichten sie eine Reihe von Musterformeln, die für eine Klage zutreffend waren.* • **lacessere:** reizen • **(9) lex Aquilia (de damno):** *Nach Ulpianus, einem römischen Rechtsgelehrten des 3. Jhs. n. Chr., ein Volksbeschluß (vermutl. des Jahres 286 v. Chr.), durch den frühere Bestimmungen über Schadenersatz überholt wurden.* • **perraro:** sehr selten • **usu venit:** es geschieht wirklich, es kommt tatsächlich vor • **constituere:** *(jurist. t. t.)* aufstellen, einführen • **(11) diuturnus:** langdauernd • **comprimere:** unterdrücken, bändigen

Die Verwendung der Sklaven

12 Valerius Maximus: *Facta et dicta memorabilia IV 4, 6*

Valerius Maximus, aus kleinen Verhältnissen stammend, 1. Hälfte des 1. Jh. n. Chr.
Werke: Facta et dicta memorabilia
Das Werk des Valerius Maximus ist eine nach sachlichen Gesichtspunkten angeordnete Exemplasammlung, die für Unterrichtszwecke in den Rhetorenschulen bestimmt war. Das vierte Kapitel des 4. Buches ist 'De paupertate' überschrieben.

Atilius Regulus cum in Africa insolentissimae Carthaginis opes crebris victoriis contunderet ac prorogatum sibi ob bene gestas res in proximum annum imperium cognosset, consulibus scripsit vilicum in agello, quem VII iugerum in Pupinia habebat, mortuum esse, occasionemque nactum mercennarium amoto inde rustico instrumento discessisse, ideoque petere, ut sibi successor mitteretur, ne deserto agro non esset, unde uxor ac liberi sui alerentur. Quae postquam senatus a consulibus accepit, et agrum Atili ilico colendum locari et alimenta coniugi eius ac liberis praeberi resque, quas amiserat, redimi publice iussit.

(1) (M.) Atilius Regulus: *Röm. Feldherr im ersten punischen Krieg, Konsul 267 u. 256 v. Chr. Setzte mit einem röm. Heer nach einer Seeschlacht gegen die Karthager nach Afrika über. Die Karthager verteidigten nur ihre Hauptstadt u. ließen die Römer das umliegende Gebiet plündern u. verwüsten.* • **insolens:** übermütig • **contundere:** lähmen, dämpfen • **prorogare:** verlängern; *zuerst 326 v. Chr. wurde, um Kontinuität in der militärischen Führung zu gewährleisten, dem Publius Publilius im Krieg gegen die Pälopolitaner die Amtsgewalt* (imperium) *länger als ein Jahr überlassen. Dies war der erste Schritt zu der später in Rom oft geübten Praxis der Trennung von Amt und amtsloser außerordentlicher Gewalt.* • **vilicus:** Verwalter • **agellus:** kleines Landgut • **iugerum:** *hier* Gen. Pl. *(statt des ungebräuchlichen iugerorum); iugerum ist ein Flächenmaß ≈ 2523 qm* • **Pupinia:** pupinisches Gebiet, *in Latium gelegen und bekannt durch seinen unfruchtbaren Boden* • **mortuus:** tot, gestorben • **mercennarius:** gemieteter Landarbeiter, Tagelöhner • **amovere:** fortschaffen • **(5) rusticum instrumentum:** Ackergerät • **successor:** Nachfolger • **desertus:** verlassen • **ilico:** sofort • **locare:** verpachten • **alimentum:** Nahrung • **redimere:** wiederkaufen

13 a Titus Livius: *Ab urbe condita 22, 57, 9–12*

Ein Brief des Konsuls C. Terentius enthüllt in Rom das ganze Ausmaß der Niederlage des römischen Heeres bei Cannae. Aus Sizilien trifft die Nachricht ein, karthagische Verbände bereiteten eine Rückeroberung Siziliens vor. Daraufhin entschließt sich der Senat zu außerordentlichen Maßnahmen. Livius (vgl. Text 9) berichtet:

9 [. . .] dictator ex auctoritate patrum dictus M. Iunius et Ti. Sempronius magister equitum dilectu edicto iuniores ab annis XVII et quosdam praetextatos scribunt.

(9) dictator: Diktator, *Inhaber eines außerordentlichen Amtes; er wurde bei einem Notstand von einem Konsul auf Vorschlag des Senats für höchstens 6 Monate mit einem festumschriebenen Auftrag ernannt. Der Diktator seinerseits ernannte den ihm unmittelbar unterstellten* **magister equitum.** • **M. Iunius (Pera):** *Konsul 230 v. Chr., Zensor 225 v. Chr., 216 v. Chr.* dictator

Quattuor ex his legiones et mille equites effecti. **10** Item ad socios Latinumque nomen ad milites ex formula accipiendos mittunt. Arma, tela, alia parari iubent et vetera spolia hostium detrahunt templis porticibusque. **11** Et aliam formam novi dilectus inopia liberorum capitum ac necessitas dedit; octo milia iuvenum validorum ex servitiis prius sciscitantes singulos, vellentne militare, empta publice armaverunt. **12** Hic miles magis placuit, cum pretio minore redimendi captivos copia fieret.

rei gerundae causa ● **Ti. Sempronius (Gracchus):** *215 Konsul, 214 Kampf gegen Hanno in Kampanien (vgl. c)), 213 zum 2. Mal Konsul, 212 in einen Hinterhalt gelockt und gefallen (vgl. d))* ● **ex auctoritate patrum:** auf Grund einer Ermächtigung des Senats ● **dilectus, -us:** Aushebung ● **edicere:** anordnen ● **iunior:** junger Mann; *vom 17. bis 46. Lebensjahr war jeder Römer verpflichtet, Heeresdienst zu leisten* ● **praetextatus:** Jungen, die noch die purpurbesetzte Knabentoga tragen; *üblicherweise erhielten die Römer mit vollendetem 16. Lebensjahr die toga virilis* ● **effecti:** *ergänze:* sunt ● **(10) socii Latinumque nomen:** *sonst:* socii nominisque Latini: *die Latiner sind wie die anderen italischen Stämme unter der Oberhoheit Roms ebenfalls* socii, *innerhalb des Bündnissystems haben sie jedoch wegen ihrer engen Verwandtschaft mit den Römern Privilegien* ● **formula:** *Rom schloß mit den einzelnen* socii *jeweils gesonderte Verträge. In den Vertragsformeln waren z. B. die Truppenkontingente festgelegt, die die* socii *auf einseitiges Aufgebot Roms hin zu stellen verpflichtet waren.* ● **alia:** *z. B.* frumentum ● **spolia,** -orum: erbeutete Rüstung ● **detrahere** *(mit Abl.):* wegnehmen von ● **porticus,** us, *f:* (Säulen-)Halle ● **(11) novi:** *Enallage des Attributs statt* **novam** ● **caput:** *hier:* Person ● **servitia,** -orum: ≈servi ● **sciscitari:** befragen ● **militare:** Kriegsdienst leisten ● **armare:** bewaffnen, mit Waffen versehen ● **(12) hic:** ≈ huius generis ● **cum:** konzessiv ● **redimere:** zurückkaufen ● **captivus:** Gefangener; *gemeint sind die von Hannibal bei Cannae gefangenen Soldaten*

13 b Titus Livius: *Ab urbe condita 23, 35, 5–9*

Ti. Sempronius Gracchus ist für 215 v. Chr. zum Konsul gewählt worden. Die karthagischen und römischen Verbände stehen sich in Kampanien gegenüber.

5 Ti. Sempronius consul Romanus [...] transgressus Volturnum flumen circa Liternum posuit castra. **6** Ibi quia otiosa stativa erant, crebro decurrere milites cogebat, ut tirones – ea maxima pars volonum erant – assuescerent signa sequi et in acie agnoscere ordines suos. **7** Inter quae maxima erat cura duci – itaque legatis tribunisque praeceperat –, ne qua exprobatio cuiquam veteris fortunae discordiam inter ordines sereret; vetus miles tironi, liber voloni sese exaequari sineret; **8** omnes satis

(5) transgredi: überschreiten ● **Volturnus:** *Grenzfluß zwischen dem* ager Falernus *und dem* ager Campanus, *mündet nahe Sinuessa, der südlichsten Stadt Latiums, ins Meer, heute Volturno* ● **circa** *(mit Akk.):* in der Nähe von ● **Liternum:** *Stadt im nördlichen Kampanien (heute Literno)* ● **(6) otiosus:** ruhig ● **stativa,** -orum: Standquartier, -lager ● **decurrere:** einen Waffenlauf veranstalten, Manöverübungen machen ● **tiro:** Rekrut ● **ea:** *an* pars *attrahiert, statt* ei ● **volo:** Freiwilliger; vgl. in a) § 11: vellentne militare: *mit diesen Worten will Livius die Etymologie des Wortes andeuten.* ● **assuescere:** sich gewöhnen ● **signum:** *hier:* Manipel ● **agnoscere:** wiedererkennen ● **ordo:** *hier:* Zenturie ● **(7) inter quae:** ≈ interea ● **exprobatio:** Vorwurf ● **cuiquam:** *verbinde mit* **exprobatio** ● **discordia:** Zwietracht ● **serere,** (sevi, satum): säen ● **exaequare:** gleichstellen

honestos generososque ducerent, quibus arma sua signaque populus Romanus commisisset; quae fortuna coegisset ita fieri, eandem cogere tueri factum. **9** Ea non maiore cura praecepta ab ducibus sunt quam a militibus observata, brevique tanta concordia coaluerunt omnium animi, ut prope in oblivionem veniret, qua ex condicione quisque esset miles factus.

(8) generosus: von freier Abkunft ● **quae ... eandem:** wie ... so auch ● **tueri:** *hier:* durchführen ● **(9) observare:** beachten ● **coalescere:** zusammenwachsen ● **in oblivionem venire:** in Vergessenheit geraten

13 c Titus Livius: *Ab urbe condita 24, 14–16 (Auswahl)*

Für das Jahr 214 v. Chr. werden Q. Fabius Maximus Cunctator und M. Claudius Marcellus zu Konsuln gewählt. Ti. Sempronius Gracchus, jetzt Prokonsul, folgt mit seinem Heer Hannibal, der seine Truppen aus Capua abzieht. In der Nähe von Beneventum trifft Gracchus auf ein aus Karthagern, Lukaniern und Bruttiern bestehendes Heer unter dem Kommando des Karthagers Hanno.

14 (2) Ti. Gracchus [...] mille ferme passus ab hoste castra locat. (3) Ibi contionem militum habuit. Legiones magna ex parte volonum habebat, qui iam alterum annum libertatem tacite mereri quam postulare palam maluerant. Senserat tamen hibernis egrediens murmur in agmine esse quaerentium, en umquam liberi militaturi essent, (4) scripseratque senatui, non tam quid desiderarent, quam quid meruissent: bona fortique opera eorum se ad eam diem usum neque ad exemplum iusti militis quicquam eis praeter libertatem deesse. (5) De eo permissum ipsi erat, faceret quod e re publica duceret esse. Itaque priusquam cum hoste manum consereret, pronuntiat tempus venisse eis libertatis, quam diu sperassent, potiundae. (6) Postere die signis collatis dimicaturum puro et patenti campo, ubi sine ullo insidiarum metu vera virtute geri res posset. (7) Qui caput hostis retulisset, eum se extemplo liberum iussurum esse; qui loco cessisset, in eum servili supplicio animadversurum; suam cuique fortunam in manu esse. (8) Libertatis auctorem eis non se fore solum, sed consulem M. Marcellum, sed universos patres, quos consultos ab se de libertate eorum sibi permisisse. (9) Litteras inde consulis ac senatus consultum recitavit. Ad quae clamor cum ingenti assensu est sublatus. Pugnam poscebant signumque ut daret extemplo ferociter instabant. (10) Gracchus proelio in posterum diem pronuntiato contionem dimisit. Milites laeti, praecipue quibus merces navatae in unum diem operae libertas futura erat, armis expediendis diei reliquum consumunt. [...]

14 (3) **volonum:** *übersetze:* die aus Freiwilligen bestanden ● **alterum:** *die* volones *waren 216 v. Chr. nach der Schlacht bei Cannae ausgehoben worden (vgl. Text a))* ● **tacitus:** schweigend ● **hiberna,** -orum: Winterlager ● **murmur,** -uris, *n:* Murmeln, Gerede ● **en umquam:** wohl jemals *(drückt Unwillen aus)* ● (4) **exemplum:** *hier:* Vorbild ● (5) **de eo:** hinsichtlich dieser Frage ● **faceret ... esse:** *abhängig von* permissum erat ● **manum conserere** (serui, sertum): sich in einen Kampf einlassen ● **pronuntiare:** verkünden ● (6) **dimicare:** kämpfen ● **purus:** offen, frei ● (7) **loco cedere:** von der Stelle weichen, vom angewiesenen Platz weichen ● **animadvertere in** *(mit Akk.):* gegen jemanden vorgehen ● **servile supplicium:** Hinrichtungsart wie sie für Sklaven vorgesehen ist; *gemeint ist die Kreuzigung* ● (8) **quos:** ≈ nam eos ● **permittere:** *hier:* freie Hand lassen ● (9) **senatus consultum, -us -i:** Senatsbeschluß ● **assensus, -us:** Zustimmung ● (10) **operam navare:** hilfreiche Dienste leisten ● **merces, -edis:** Lohn, Preis, Sold ● **praecipue:** vornehmlich ● **expedire:** rüsten, kampfbereit machen.

Am folgenden Tag treten die Heere unter der Führung Hannos und des Gracchus gegeneinander an. Einen durchschlagenden Erfolg der Römer zögert zunächst das hinaus, was ihnen nach Meinung des Gracchus den Sieg hätte bringen müssen: der Freiheitswunsch der volones. Die abgeschlagenen Köpfe der Gegner hindern sie an der vollen Entfaltung ihrer Kampfkraft. Gracchus läßt daraufhin im Heer verbreiten:

15 (8) [. . .] postremo pronuntiat Gracchus esse nihil, quod de libertate sperarent, nisi eo die fusi fugatique hostes essent. **16** (1) Ea demum vox ita animos accendit, ut renovato clamore, velut alii repente facti, tanta vi se in hostem intulerint, ut sustineri ultra non possent. (2) Primo antesignani Poenorum, dein signa perturbata, postremo tota impulsa acies: inde haud dubie terga data, ruuntque fugientes in castra adeo pavidi trepidique, ut ne in portis quidem aut vallo quisquam restiterit ac prope continenti agmine Romani insecuti novum de integro proelium inclusi hostium vallo ediderint. (3) Ibi sicut pugna impeditior angustiis, ita caedes atrocior fuit. Et adiuvere captivi, qui rapto inter tumultum ferro conglobati et ab tergo ceciderunt Poenos et fugam impedierunt. (4) Itaque minus duo milia hominum ex tanto exercitu, et ea maior pars equitum, cum ipso duce effugerunt; alii omnes caesi aut capti; capta et signa duodequadraginta. (5) Ex victoribus duo milia ferme cecidere. Praeda omnis praeterquam hominum captorum militi concessa est; et pecus exceptum est, quod intra dies triginta domini cognovissent.
(6) Cum praeda onusti in castra redissent, quattuor milia ferme volonum militum, quae pugnaverant segnius nec in castra irruperant simul, metu poenae collem haud procul castris ceperunt. (7) Postero die per tribunos militum inde deducti contione militum advocata a Graccho superveniunt. (8) Ubi cum proconsul veteres milites primum, prout cuiusque virtus atque opera in ea pugna fuerat, militaribus donis donasset, tunc, quod ad volones attineret, omnes ait malle laudatos a se dignos indignosque, (9) quam quemquam eo die castigatum esse. Quod bonum faustum felixque rei publicae ipsisque esset, omnes eos liberos esse iubere. (10) Ad quam vocem cum clamor ingenti alacritate sublatus esset, ac nunc complexi inter se gratulantesque, nunc manus ad caelum tollentes bona omnia populo Romano Gracchoque ipsi precarentur, (11) tum Gracchus „priusquam omnes iure libertatis aequas-

15 (8) **nihil est, quod . . .**: es gibt keinen Grund, daß . . . ● **16** (1) **accendere**: entflammen ● **renovare**: wieder aufnehmen ● (2) **antesignani**, -orum: Truppen, die in der vordersten Linie *(vor den Feldzeichen)* kämpfen ● **impellere**: *hier:* über den Haufen werfen, ins Wanken bringen ● **terga dare**: fliehen ● **ruere**: dahinstürzen ● **pavidus**: voller Furcht ● **trepidus**: hastig ● **continens**: anstoßend *(an den Feind),* sich unmittelbar *(an den Feind)* anschließend ● **de integro**: von neuem ● (3) **impeditus**: behindert ● **angustiae**, -arum: Enge ● **atrox**: gräßlich ● **conglobare**: zusammenscharen ● (4) **et ea**: *an* maior pars *attrahiert, statt* et ei ● (5) **praeterquam**: abgesehen von ● **cognoscere**: *hier:* als ihr Eigentum anerkennen, beanspruchen ● (6) **onustus**: beladen ● **segnis**: träge, nachlässig ● **irrumpere**: einbrechen ● (7) **supervenire**: unerwartet eintreffen ● (8) **prout**: je nachdem wie, entsprechend ● **attinere**: angehen, betreffen ● (9) **quemquam**: überhaupt einer, auch nur einer ● **castigare**: tadeln ● **quod bonum . . .**: *formelhaft-feierlich, soll die Neuartigkeit des Vorgehens betonen* ● **faustus**: günstig, gesegnet ● **felix**: glücklich ● (10) **alacritas**: Munterkeit, Fröhlichkeit ● **complecti**: sich umarmen ● **gratulari**: sich beglückwünschen ● **precari**: erflehen ● (11) **nota**: (Kenn-)Zeichen ● **strenuus**: tap-

sem", inquit, „neminem nota strenui aut ignavi militis notasse volui; (12) nunc exsoluta iam fide publica, ne discrimen omne virtutis ignaviaeque pereat, nomina eorum, qui detractatae pugnae memores secessionem paulo ante fecerunt, referri ad me iubebo citatosque singulos iureiurando adigam, (13) nisi cui morbus causa erit, non aliter quam stantes cibum potionemque, quoad stipendia facient, capturos esse. Hanc multam ita aequo animo feretis, si reputabitis nulla ignaviae nota leviore vos designari potuisse." (14) Signum deinde colligendi vasa dedit; militesque praedam portantes agentesque per lasciviam ac iocum ita ludibundi Beneventum rediere, (15) ut ab epulis per celebrem festumque diem actis, non ex acie reverti viderentur. (16) Beneventani omnes turba effusa cum obviam ad portas exissent, complecti milites, gratulari, vocare in hostpitium. (17) Adparata convivia omnibus in propatulo aedium fuerant; ad ea invitabant Gracchumque orabant, ut epulari permitteret militibus. Et Gracchus ita permisit, si in publico epularentur omnes ante suas quisque fores. (18) Prolata omnia. Pilleati aut lana alba velatis capitibus volones epulati sunt, alii accubantes, alii stantes, qui simul ministrabant vescebanturque.

fer, tüchtig • **ignavus:** feige • (12) **exsolvere:** auslösen, auszahlen • **fides publica:** vom Staat gegebenes Versprechen • **discrimen:** Unterschied • **ignavia:** Feigheit • **detractare:** ablehnen, verweigern • **memor:** eingedenk • **secessionem facere:** sich absondern • **citare:** aufrufen • **iure iurando adigere:** durch Eid verpflichten • (13) **cibus:** Speise • **potio:** Trank • **stipendia facere:** Kriegsdienst leisten • **multa:** Strafe • **reputare:** erwägen • **designare:** bezeichnen • (14) **lascivia:** Ausgelassenheit • **iocus:** Scherz • **ludibundus:** guter Dinge • (15) **epulae,** -arum: Schmaus • **celeber, -bris, -bre:** feierlich • **festus:** festlich • (16) **Beneventani:** Einwohner von Benevent • **turba effusa:** *modaler Abl.:* in ungeordnetem Zug • **hospitium:** Gastfreundschaft • (17) **adparare:** zubereiten • **convivium:** Mahl • **propatulum:** offener Platz *(vor dem Haus),* Vorhof • **epulari:** speisen • **fores,** -ium: Tür, Eingang • (18) **pilleatus:** ein **pilleum** (Filzkappe) tragend; *das* pilleum *ist eine enganliegende Kappe aus Fell, Wolle oder Filz, die bei Freilassungen getragen wird* • **lana:** Wolle • **albus:** weiß • **velare:** verhüllen, umhüllen • **accubare:** zu Tisch liegen • **ministrare:** (Essen) auftragen, bedienen • **vesci:** essen, speisen

13 d Titus Livis: *Ab urbe condita 25, 20, 4*

Im Jahre 212 v. Chr. wird Ti. Sempronius Gracchus in Lukanien in einen Hinterhalt gelockt und kommt um.

20 (4) [. . .] volonum [. . .] exercitus, qui vivo Gracccho summa fide stipendia fecerat, velut exauctoratus morte ducis ab signis discessit.

20 (4) **exauctoratus:** vom Fahneneid entbunden

14 Cato: *De agricultura 2, 1–2, 7–8; 5, 2; 56*

M. Porcius Cato, 234–149 v. Chr. Staatsmann (Zensor) und Historiker („Origines"). Cato unterwies seinen Sohn in der Schrift „De agricultura" über die Landwirtschaft.

2. Pater familias ubi ad villam venit

1 ... ubi larem familiarem salutavit, fundum eodem die, si potest, circumeat; si non eodem die, at postridie. [...], postridie eius diei vilicum vocet, roget, quid operis siet factum, quid restet, [...]. **2** ubi ea cognovit, rationem inire oportet operarum, dierum. Si ei opus non apparet, dicit vilicus sedulo se fecisse, servos non valuisse, tempestates malas fuisse, servos aufugisse, opus publicum effecisse, ubi eas aliasque causas multas dixit, ad rationem operum operarumque vilicum revoca. [...] **7** pecus consideret. auctionem uti faciat: vendat oleum, si pretium habeat; vinum (et) frumentum, quod supersit, vendat; boves vetulos, armenta delicula, oves deliculas, lanam, pelles, plostrum vetus, ferramenta vetera, servum senem, servum morbosum, et siquid aliut supersit, vendat. **8** patrem familias vendacem, non emacem esse oportet.

5. Haec erunt vilici officia

[...] **2** familiae male ne sit: ne algat, ne esuriat. opere bene exerceat; facilius malo et alieno prohibebit; vilicus si nolet male (eam) facere, non faciet. si passus erit, dominus (id) inpune ne sinat esse. pro beneficio gratiam referat, ut aliis recte facere libeat. vilicus ne sit ambulator; sobrius sit semper; ad cenam nequo eat. familiam exerceat; consideret, quae dominus imperaverit, fiant. ne plus censeat sapere se quam dominum.

56. Familiae cibaria

[...] conpeditis: per hiemem: panis p(ondo) IIII; ubi vineam fodere coeperint: panis p(ondo) V usque adeo, dum ficos edere coeperint; deinde ad p(ondo) IIII redito.

(2.1) lar familiaris Schutzgottheit des Hauses • **vilicus,** i *m.* Verwalter • **siet** = sit • **(2.2) rationem inire** Rechenschaft ablegen lassen, eine Bestandsaufnahme aufstellen • **opus non apparet alicui** jd. kann keine fertige Arbeit vorweisen • **sedulo** *Adv.* fleißig • **opera** *hier:* Landarbeiter • **(2.7) pecus,** udis *f.:* Stück Vieh • **considerare:** sorgfältig besichtigen • **auctio,** onis *f.:* Versteigerung • **bos,** bovis *m./f.:* Stier, Ochse, Kuh • **vetulus,** a, um: ziemlich alt • **armenta,** orum *n. Pl.:* Großvieh • **ovis,** is *f.:* Schaf • **deliculus,** a, um: entwöhnt • **lana,** ae *f.:* Wolle • **pellis,** is *f.:* Fell • **plostrum** = plaustrum, i *n.:* Wagen • **ferramenta,** orum *n. Pl.:* Eisengeräte • **(2.8) vendax,** cis: verkaufsfreudig • **emax,** cis: kauflustig • **(5.2) algere,** -eo, alsi: frieren • **esurire:** hungern • **inpune** *(Adv.):* ungestraft • **libet,** libuit: es gefällt • **sobrius,** a, um: nüchtern • **sapere,** -io, -ivi: wissen • **(56) cibaria,** -orum, *n, Pl.:* Lebensmittel • **conpedire:** fesseln • **pondo,** *Abl. von* **pondus,** i *m.:* Pfund • **vinea,** ae *f.:* Weinberg • **fodere,** -io, fossi fossus: (um)graben • **ficus,** i *n.* us *f.:* Feige

15 Varro: *Rerum rusticarum libri 1, 17 (Auswahl)*

M. Terentius Varro, 116–27 v. Chr. Geboren in einer sabinischen Landstadt nahe Rom, Studium in Rom und Athen. Politische Ämter: Volkstribun, kurulischer Ädil, Praetor; während der Bürgerkriege auf Seiten des Pompeius, arrangierte sich jedoch nach dessen Niederlage mit Caesar

Werke: Satiren, Schriften über kultur-, religionsgeschichtliche und philosophische Themen sowie über die Landwirtschaft

1 [. . .] Nunc dicam, agri quibus rebus colantur. Quas res alii dividunt in duas partes, in homines et adminicula hominum, sine quibus rebus colere non possunt; alii in tres partes, instrumenti genus vocale et semivocale et mutum, vocale, in quo sunt servi, semivocale, in quo sunt boves, mutum, in quo sunt plaustra [. . .] **3** De quibus universis hoc dico, gravia loca utilius esse mercennariis colere quam servis et in salubribus quoque locis opera rustica maiora, ut sunt in condendis fructibus vindemiae aut messis [. . .] **5** [. . .] Neque eiusdem nationis plures parandos esse; ex eo enim potissimum solere offensiones domesticas fieri. Praefectos alacriores faciendum praemiis dandaque opera ut habeant peculium et coniunctas conservas, e quibus habeant filios. Eo enim fiunt firmiores ac coniunctiores fundo.

(1) colere, -ui, cultus: (be)bauen ● **adminiculum,** i *n.:* Werkzeug ● **vocalis,** e: stimmbegabt, sprechend ● **mutus,** a, um: stumm ● **plaustrum,** i *n.:* Wagen ● **(3) mercennarius,** i *m.:* Tagelöhner ● **saluber,** -bris, -bre: gesund ● **vindemia,** ae *f.:* Weinlese ● **messis,** is *f.:* Ernte ● **(5) offensio,** -onis *f.:* Mißstimmung ● **praeficere,** -io, -feci, -fectus: einem die Aufsicht übertragen ● **alacer,** cris, e: eifrig ● **peculium,** i *n.:* Eigentum des Sklaven ● **conserva,** ae *f.:* Mitsklavin ● **fundus,** i *m.:* Landgut

16 Marcus Tullius Cicero: *Ad Quintum fratrem I 1, 16—17*

Quintus Tullius Cicero, der jüngere Bruder des M. Tullius Cicero (vgl. Text 7), verwaltete von 61—58 v. Chr. die Provinz Asia. Marcus erteilt seinem Bruder Ratschläge für eine mustergültige Provinzialverwaltung. Im folgenden Abschnitt ist die Rede vom Umgang mit den Provinzialen und den Sklaven.

16 [. . .] e Graecis ipsis diligenter cavendae sunt quaedam familiaritates praeter hominum perpaucorum, si qui sunt vetere Graecia digni; sic vero fallaces sunt permulti et leves et diuturna servitute ad nimiam adsentationem eruditi. Quos ego universos adhiberi liberaliter, optimum quemque hospitio amicitiaeque consuetudine coniungi dico oportere; nimiae familiaritates eorum neque honestae neque tam fideles sunt: non enim audent adversari nostris voluntatibus et invident non nostris solum, verum etiam suis. **17** Iam qui in eiusmodi rebus, in quibus vereor etiam ne durior sim, cautus esse velim ac diligens, quo me animo in servis esse censes? Quos quidem cum omnibus in locis tum praecipue in provinciis regere debemus. Quo de genere multa praecipi possunt, sed hoc et brevissimum est et facillime teneri potest, ut ita se gerant in istis Asiaticis itineribus, ut si iter Appia via faceres, neve interesse quic-

(16) Graeci: *Zur Provinz Asia gehörten auch die seit alters von Griechen bewohnten Küstenstädte und die in Küstennähe liegenden Inseln* ● **familiaritas:** Vertrautheit, vertrauter Umgang ● **vetus Graecia:** *Cicero denkt hier sicher an das Athen des Perikles und an das Platons, aber auch an die griechischen Kolonien an der Küste Kleinasiens* ● **fallax:** arglistig ● **diuturnus:** lang (dauernd) ● **adsentatio:** Liebedienerei ● **adhibere liberaliter:** freundlich behandeln ● **hospitium:** Gastfreundschaft ● **adversari:** sich widersetzen, widersprechen ● **nostri . . . sui:** unsere . . . ihre eigenen Landleute ● **(17) cautus:** vorsichtig ● **cum . . . tum:** sowohl . . . als auch ganz besonders ● **Appia via:** *Die vom Zensor Appius Claudius in Auftrag gegebene südliche Ausfallstraße Roms. Von 312 v. Chr. an bis Beneventum, später bis nach Brundisium verlängert.*

quam putent, utrum Trallis an Formias venerint. Ac si quis est ex servis egregie fidelis, sit in domesticis rebus et privatis; quae res ad officium imperii tui atque ad aliquam partem rei publicae pertinebunt, de iis rebus ne quid attingat: multa enim, quae recte committi servis fidelibus possunt, tamen sermonis et vituperationis vitandae causa committenda non sunt.

● **Trallis,** ium: Tralles, *Stadt in Kleinasien im Mäandertal gelegen* ● **Formiae:** Formiae, *Stadt in Latium an der Appia via gelegen* ● **vituperatio:** Tadel

17 Diodor: *Universalgeschichte V 35–38*

Diodoros, griechischer Historiker; geboren auf Sizilien. Zeitgenosse Caesars; schrieb eine Weltgeschichte in 40 Büchern

35. Nachdem wir nun die Iberer behandelt haben, wird hier wohl der Ort sein, auch von ihren Silbergruben zu sprechen. Dies Land besitzt nämlich die reichsten und schönsten bekannten Lagerstätten für Silber und gewährt den damit Beschäftigten große Einkommen. Wir haben schon in den vorangehenden Büchern, als wir von den Taten des Herakles erzählten, das iberische Gebirge erwähnt, das Pyrenäen genannt wird. Dieses ist in der Höhe und Ausdehnung größer als alle anderen, denn es erstreckt sich vom Mittelmeer fast bis zum atlantischen Ozean über ungefähr 3000 Stadien[1] und trennt Gallien von Iberien und Keltiberien. Und obgleich jetzt viele und dichte Wälder das Gebirge bedecken, so wird erzählt, daß vor langer Zeit ein von einigen Hirten hinterlassenes Feuer das ganze Gebirge in Flammen gesetzt habe. Da dieses Feuer viele Tage ununterbrochen loderte, sei die Oberfläche der Erde verbrannt, und deshalb wurden die Berge Pyrenäen genannt[2]. Die Oberfläche des verbrannten Landes wiederum habe sich wegen des vielen Silbers, was sie enthält, verflüssigt, und da das Erz, aus dem das Silber gewonnen wird, schmolz, seien viele Bäche reinen Silbers entstanden. Die Einwohner kannten aber nicht den Nutzen des Silbers, und die Phönizier, als sie auf ihren Handelsfahrten dorthin kamen und von dem Ereignis erfuhren, kauften das Silber im Austausch gegen andere Waren von geringem Wert. Und dies ist der Grund, warum die Phönizier, die es weiter nach Hellas und Asien und zu allen anderen Völkern transportierten, sich große Reichtümer erwarben. Die Kaufleute trieben ihre Habgier soweit, daß sie, wenn ihre Boote völlig beladen waren und immer noch viel Silber übrigblieb, sie das Blei von den Ankern schlugen und das Silber den Dienst des Bleis tun ließen. Und die Folge war, daß die Phönizier, die im Laufe vieler Jahre durch solchen Handel großen Reichtum und Macht erworben hatten, viele Kolonien ausschickten, einige nach Sizilien und den benachbarten Inseln, einige nach Libyen, Sardinien und Iberien.

36. In viel späterer Zeit, als die Iberer die Eigenschaften des Silbers kennengelernt hatten, legten sie bedeutende Bergwerke an, und dadurch, daß sie das schönste und so ziemlich das meiste Silber abbauten, erhielten sie reiche Einkünfte. Die Art und Weise des Bergbaus und der Silbergewinnung bei den Iberern ist ungefähr die folgende. Die Bergwerke haben große Vorkommen an Kupfer, Silber und Gold. Die Arbeiter der Kupferbergwerke gewinnen aus der geförderten Erde ein Viertel reines Kupfer; und unter den

(1) Ein Stadion entspricht etwa 180 m. Die Griechen glaubten, daß die Pyrenäen ausgedehnter und höher als die Alpen seien.
(2) Gemeint ist der Gleichlaut mit dem griechischen Wort pyr (Feuer). Der Name Pyrenäen leitet sich tatsächlich aber vom keltischen Byrin (Berg) ab.

ungelernten Arbeitern in den Silberbergwerken gibt es solche, die in drei Tagen ein Euböisches Talent[3] gewinnen, denn der ganze Boden ist voll von gediegenem und glänzendem Metallstaub. Deshalb versetzt einen nicht nur die Bodenbeschaffenheit dieser Gegend in Erstaunen, sondern ebensosehr der Fleiß der Menschen, die dort arbeiten. Anfangs waren es Arbeiter, wer immer kommen wollte, die die Arbeit in den Bergwerken ausführten und große Reichtümer erwarben, weil der Boden leicht zu förderndes Silber in großer Fülle enthielt; später aber, als die Römer das Land erobert hatten, wendeten sich viele Italiker dem Bergbau zu, und sie trugen aus Habgier große Reichtümer aus dem Lande mit. Sie kauften nämlich eine große Zahl von Sklaven und übergaben sie den Vorstehern der Bergwerke. Diese Männer legten an mehreren Stellen Schächte an, gruben tief in den Boden und suchten die silber- und goldhaltigen Schichten in der Erde. Sie gruben aber nicht nur auf breiter Oberfläche, sondern trieben Schächte viele Stadien in die Tiefe und legten auch Querstollen und vielfach gewundene Gänge an. Auf diese Weise fördern sie das Erz aus der Tiefe, das ihnen den Gewinn bringt, den sie suchen.

37. Groß ist also der Unterschied, wenn man diese Bergwerke mit denen in Attika vergleicht. Diejenigen, die den Grubenbau in Attika betreiben, haben, obgleich sie große Summen in ihre Unternehmungen investieren, doch „nicht nur das nicht gewonnen, was sie zu gewinnen hofften, sondern auch das, was sie hatten, verloren", so daß es ihnen ging, wie es in jenem Rätsel heißt[4], die aber in Spanien den Bergbau betreiben, gewinnen aus ihrer Arbeit große Schätze. Denn schon ihre ersten Versuche werfen Gewinn ab dank der für ihre Ziele ausgezeichneten Beschaffenheit des Bodens, und je weiter sie in die Erde eindringen, desto glänzendere, an Silber und Gold reiche Adern finden sie, denn der Boden in dieser Gegend ist nach allen Seiten hin von vielen Metalladern durchzogen. Manchmal stoßen sie in der Tiefe auch auf unterirdische fließende Gewässer, aber sie werden dieser Flüsse Herr, indem sie sie in Kanäle ableiten. Denn da sie von ihren Hoffnungen auf Gewinn getrieben werden, die sie tatsächlich nicht täuschen, führen sie jedes begonnene Unternehmen zu Ende. Und das Überraschendste von allem ist, daß sie die Wasserströme mit der sogenannten Ägyptischen Schraube[5] ausschöpfen, die von Archimedes von Syrakus erfunden wurde, als er in Ägypten war. Und durch die Verwendung solcher Schrauben heben sie das Wasser von Stufe zu Stufe bis zur Mündung des Schachtes, wodurch die Stelle, an der sie arbeiten, trockengelegt und für die Fortsetzung der Arbeit bereit gemacht wird. Da diese Maschine ein außerordentlich geniales Gerät ist, kann wider Erwarten eine große Menge Wasser durch sehr geringe Arbeit gehoben werden, und die ganzen Wasserströme können leicht aus der Tiefe an die Oberfläche gepumpt werden. Mit Recht bewundert man den Scharfsinn des Erfinders, nicht nur bei dieser, sondern auch bei anderen und noch wichtigeren Erfindungen, die über die ganze bewohnte Welt hin berühmt sind. Wir werden darüber einen detaillierten und genauen Bericht geben, wenn wir zu der Zeit des Archimedes kommen.

38. Die Arbeiter in diesen Bergwerken gewinnen für ihre Herren Reichtümer von unglaublicher Größe, sie selbst aber nutzen ihre Körper bei Tag und Nacht in den Gruben unter der Erde ab, und viele von ihnen sterben wegen der übermäßigen Anstrengungen, denen sie ausgesetzt sind. Denn Ruhe und Erholung von der Arbeit ist ihnen nicht erlaubt, vielmehr zwingen die Aufseher sie mit Schlägen, die Mühsal fortzusetzen, und so geben sie ihr Leben in Jammer und Elend verloren. Und doch gibt es einige, die wegen ihrer körperlichen Kräfte und seelischen Verfassung diese Qualen lange Zeit ertragen; tatsächlich ist der Tod in ihren Augen besser als das Leben, wegen der Leiden, die sie erdulden müssen. Und obgleich es viele Dinge in den eben beschriebenen Bergwerken gibt, die

(3) Ungefähr 30 kg.
(4) Gemeint ist das Rätsel von den Fischern, die am Strand saßen, von Läusen heimgesucht wurden und ausriefen: „Was wir gefangen, haben wir zurückgelassen; was wir aber nicht gefangen, bringen wir mit".
(5) Heute Archimedische Schraube genannt.

zu Erstaunen Anlaß geben, so ist doch das Erstaunlichste, daß keiner der Schächte neu angelegt ist; sie alle wurden schon durch die Habgier der Karthager eröffnet zu der Zeit, als Iberien zu ihren Besitzungen gehörte. Denn diese Bergwerke waren die Quellen ihrer zunehmenden Macht, von ihnen bezahlten sie die besten Söldner, die es gab und gewannen mit ihrer Hilfe viele und große Kriege. Denn zu keiner Zeit haben die Karthager ihre Kriege mit Soldaten aus ihrer eigenen Bürgerschaft oder der ihrer Bundesgenossen geführt, sondern wenn sie Römer und Sizilianer und die Bewohner Libyens mit den größten Gefahren bedrohten, haben sie Geld in den Kampf geführt, das ihnen aus ihren Bergwerken in großen Mengen zufloß. Seit frühester Zeit waren die Phönizier, so scheint es, darauf aus, Entdeckungen zu ihrem Gewinn zu machen, die Italiker aber tun es ihnen gleich, keinen Gewinn anderen zu überlassen.

18 Cicero: *Epistulae ad familiares XVI 4*

Vgl. Text 7. Der Brief entstand im Jahre 50 v. Chr. auf Ciceros Rückreise von seiner Verwaltung der Provinz Kilikien als Prokonsul nach Rom. In Patras mußte er seinen Sekretär, den Freigelassenen Tiro, im Hause seines Freundes Lyso krank zurücklassen, während er mit seinem Sohn Marcus, seinem Bruder Quintus und dessen Sohn weiterfuhr. In Leucas erhielt er einen Brief von Tiro, dessen Antwort das nachfolgende Schreiben darstellt.

TULLIUS ET CICERO ET Q. FR. ET Q. FIL.
S. P. D. TIRONI S.

Leucade, A.U.C. 704.

1 Varie sum affectus tuis litteris; valde priore pagina perturbatus, paullum altera recreatus. Quare nunc quidem non dubito, quin, quoad plane valeas, te neque navigationi neque viae committas. Satis te mature videro, si plane confirmatum videro. De medico et tu bene existimari scribis, et ego sic audio. Sed plane curationes eius non probo. Ius enim dandum tibi non fuit, cum κακοστόμαχος esses; sed tamen et ad illum scripsi accurate, et ad Lysonem. **2** Ad Curium vero, suavissimum hominem et summi offici summaeque humanitatis, multa scripsi; in his etiam, ut, si tibi videretur, te ad se transferret. Lyso enim noster, vereor, ne neglegentior sit; primum, quia omnes Graeci; deinde, quod, cum a me litteras accepisset, mihi nullas remisit. Sed eum tu laudas. Tu igitur, quid faciendum sit, iudicabis. Illud, mi Tiro, te rogo, sumptu ne parcas ulla in re, quod ad valetudinem opus sit. Scripsi ad Curium, quod dixisses, daret. Medico ipsi puto aliquid dandum esse, quo sit studiosior. **3** Innumerabilia tua sunt in me officia, domestica, forensia, urbana, provincialia; in re privata, in publica, in studiis, in litteris nostris. Omnia viceris, si, ut spero, te validum videro. Ego puto, te bellissime, si recte erit, cum quaestore Mescinio decursurum. Non inhumanus est, teque, ut mihi visus est, diligit. Et cum valetudini tuae diligentissime consulueris, tum, mi Tiro, consulito navigationi. Nulla in re iam te festinare volo. Nihil laboro, nisi ut salvus sis. **4** Sic habeto, mi Tiro, neminem esse, qui me

(1) prior pagina: *hier:* die erste Seite • **navigatio – via:** Reise zu See – Land • **satis mature:** frühzeitig genug • **ius,** iuris *n.:* Suppe, Fleischbrühe • **kakostomachos:** *griech.:* magenkrank • **(2) Manius Curius:** römischer Kaufmann in Patras • **suavis,** is, e: liebenswert • **(3) forensis,** e: auf dem Forum • **bellus,** a, um: fein, gut • **L. Mescinius:** Ciceros Quaestor in Kilikien • **decurrere:** reisen, heimfahren • **(4) sic habere:** *hier:* davon überzeugt sein

amet, quin idem te amet; et cum tua et mea maxime interest te valere, tum multis est curae. Adhuc, dum mihi nullo loco deesse vis, numquam te confirmare potuisti. Nunc te nihil impedit. Omnia depone; corpori servi. Quantam diligentiam in valetudinem tuam contuleris, tanti me fieri a te iudicabo. Vale, mi Tiro, vale, vale, et salve. Lepta tibi salutem dicit et omnes. Vale. VII. Idus Novembr. Leucade.

Lepta: Offizier, *kommandierte in Kilikien die Handwerkereinheit*

19 Cicero: *De officiis I 150 f.*

Diese Schrift, die Cicero seinem Sohn Markus gewidmet hat, rechtfertigt, als praktische Pflichtenlehre konzipiert, zugleich sein eigenes Handeln.

150. Was nun die Künste und Erwerbszweige anlangt, welche als eines Freien würdig zu gelten haben, welche schmutzig sind, darüber haben wir etwa folgendes der Überlieferung entnommen. Zuerst finden die Erwerbszweige keine Billigung, die dem Hasse der Menschen begegnen, wie die der Zöllner, wie die der Wucherer. Eines Freien aber nicht würdig und schmutzig ist der Erwerb aller Tagelöhner, deren Arbeitsleistung, nicht Fertigkeiten gekauft werden. Bei ihnen ist eben der Lohn ein Handgeld der Dienstbarkeit. Als schmutzig haben zu gelten auch die, welche von den Kaufleuten die Ware einhandeln, um sie sofort wieder zu verkaufen. Sie würden nämlich nichts verdienen, wenn sie nicht ausgiebig lügen würden. Nichts ist aber schimpflicher als Unsolidheit. Und alle Handwerker betätigen sich in einer schmutzigen Kunst. Denn eine Werkstatt kann nichts Freies haben. Und am wenigsten sind die Künste zu billigen, die Dienerinnen der Genüsse sind, „Fischhändler, Fleischer, Köche, Geflügelhändler, Fischer", wie Terenz sagt. Füg noch hinzu, wenn du Lust hast, Parfümverkäufer, Tänzer und alles, was mit dem Würfelspiel zusammenhängt. **151.** Die Künste aber, in denen eine größere Klugheit am Werke ist oder kein geringer Nutzen erstrebt wird, wie die Heilkunst, die Baukunst, wie die Wissenschaft von ehrenvollen Dingen, die sind für diejenigen, deren Stand sie zukommen, ehrenhaft.

20 a Cornelius Nepos: *T. Pomponius Atticus 13*

Cornelius Nepos, ca. 100—24 v. Chr., römischer Biograph
Werk: De viris illustribus

Neque vero ille vir minus bonus pater familias habitus est quam civis. Nam cum esset pecuniosus, nemo illo minus fuit emax, minus aedificator. Neque tamen non in

(1) ille vir: *Gemeint ist T. Pomponius Atticus (110–32 v. Chr.). Er entstammte einer vermögenden Ritterfamilie und verbrachte einen Großteil seines Lebens in Athen (daher auch das cognomen). Im Gegensatz zu seinem Freund M. Tullius Cicero, dessen Werke er verlegte, schlug er nicht die Laufbahn des praktischen Politikers ein, unterhielt aber zu den einflußreichen Männern seiner Zeit gute Beziehungen. Cornelius Nepos nahm die Biographie seines Zeitgenossen und Freundes Atticus in sein im Jahre 35 v. Chr. und im Jahre 32 v. Chr. in zweiter Auflage erschienenes Werk,* De viris illustribus' *auf.* ● **pater familias:** familias *ist eine alte Genitivform: „Hausvater", Herr der* familia, *die alle für das Bestehen eines Haushaltes notwendigen Personen und Sachen umfaßt.* ● **pecuniosus:** reich an Geld ● **emax:** kauflustig ● **aedificator:** baulustig, der ~e. *In der Spätzeit der röm. Republik nahmen Grundstücksspekulationen (vgl. Crassus) und die Anlage von riesigen Privatvillen (vgl. Lucullus oder auch Cicero) überhand.*

primis bene habitavit omnibusque optimis rebus usus est. Nam domum habuit in colle Quirinali Tamphilianam, ab avunculo hereditate relictam, cuius amoenitas non aedificio, sed silva constabat. Ipsum enim tectum antiquitus constitutum plus salis quam sumptus habebat; in quo nihil commutavit, nisi si quid vetustate coactus est. Usus est familia, si utilitate iudicandum est, optima, si forma, vix mediocri. Namque in ea erant pueri litteratissimi, anagnostae optimi et plurimi librarii, ut ne pedisequus quidem quisquam esset, qui non utrumque horum pulchre facere posset, pari modo artifices ceteri, quos cultus domesticus desiderat, apprime boni. Neque tamen horum quemquam nisi domi natum domique factum habuit: quod est signum non solum continentiae, sed etiam diligentiae. Nam et non intemperanter concupiscere, quod a plurimis videas, continentis debet duci, et potius diligentia quam pretio parare non mediocris est industriae. Elegans, non magnificus, splendidus, non sumptuosus: omnisque diligentia munditiam, non affluentiam affectabat. Supellex modica, non multa, ut in neutram partem conspici posset. Nec praeteribo, quamquam nonnullis leve visum iri putem, cum in primis lautus esset eques Romanus et non parum liberaliter domum suam omnium ordinum homines invitaret, scimus non amplius quam terna milia peraeque in singulos menses ex ephemeride eum expensum sumptui ferre solitum.

in primis: vor allem • **collis Quirinalis:** Quirinalshügel, *seit ältesten Zeiten bebaut* • **domus Tamphiliana:** *Dieses Haus hatte Atticus von Q. Caecilius, seinem Onkel mütterlicherseits* **(avunculus)** *durch Erbschaft* **(hereditas)** *im Jahre 58 v. Chr. bekommen. Das Haus hieß nach seinem ursprünglichen Erbauer (wahrscheinlich M. Baebius Tamphilus, Konsul 181 v. Chr.)* • **amoenitas:** Reiz • **(5) constare** *(mit Abl.):* **constare in** *(mit Abl.)* • **silva:** *hier:* Garten, Park • **tectum:** ≈ aedificium • **antiquitus** *(Adv.):* in alter Zeit • **sal:** Geschmack • **commutare:** ≈ mutare • **vetustas:** Alter • **litteratus:** gebildet • **anagnostes,** ae: Vorleser • **librarius:** Abschreiber *(Vervielfältiger von Büchern)* • **pedisequus:** Leibdiener *(der den* dominus *begleitete, wenn er das Haus verließ)* • **utrumque horum:** beides von diesem *(gemeint ist Vorlesen und Schreiben)* • **(10) artifex:** Handwerker • **cultus domesticus:** Verwaltung des Haushalts, Haushalt • **apprime:** sehr, besonders • **facere:** *(von Sklaven gesagt)* aufziehen • **continentia:** Selbstbeherrschung, Enthaltsamkeit, Fähigkeit, sich einzuschränken • **diligentia:** Genauigkeit, Sinn für Sparsamkeit • **intemperanter:** maßlos • **concupiscere:** verlangen, begehren • **a plurimis:** *ergänze:* concupisci • **continens:** *vgl. o.:* **continentia** • **duci:** ≈ existimari • **elegans:** wählerisch, geschmackvoll • **magnificus:** großartig, protzig • **(15) sumptuosus:** verschwenderisch • **munditia:** gefälliges Aussehen • **affluentia:** Überfluß • **affectare:** anstreben, zielen auf • **supellex,** supellectilis: Hausrat, Geschirr • **in neutram partem:** *(weder in die Richtung des Zuvielen noch in die des Zuwenigen):* weder zu viel noch zu wenig • **putem:** *Potentialis der Ggwt.* • **lautus:** ansehnlich, reich • **non parum:** *(Litotes)* recht, ziemlich • **liberalis:** großzügig • **invitare:** einladen • **milia:** *ergänze:* sestertium • **peraeque:** ganz regelmäßig, ~gleichmäßig • **ephemeris,** -idos/-idis: Rechnungsbuch • **expensum ferre sumptui:** für den Aufwand/die Lebenshaltung als Kosten verbuchen

20 b Marcus Tullius Cicero: *Epistulae ad Atticum IV 4 a*

Der vorliegende Brief Ciceros (vgl. Text 7) an Atticus stammt aus dem Jahre 56 v. Chr. Von 58–September 57 war Cicero in der Verbannung. Im Laufe der Umtriebe, die zu seinem Exil geführt hatten, waren auch seine Besitzungen geplündert und zerstört worden.

CICERO ATTICO SAL.

1 Perbelle feceris, si ad nos veneris. Offendes dissignationem Tyrannionis mirificam librorum meorum, quorum reliquiae multo meliores sunt, quam putaram. Et velim mihi mittas de tuis librariolis duos aliquos, quibus Tyrannio utatur glutinatoribus, ad cetera administris, iisque imperes, ut sumant membranulam, ex qua indices fiant. [. . .] **2** Sed haec, si tibi erit commodum. Ipse vero utique fac venias, si potes in his locis adhaerescere et Piliam adducere. Ita enim et aequum est et cupit Tullia. Me dius fidius ne tu emisti „lóchon" praeclarum: gladiatores audio pugnare mirifice. Si locare voluisses, duobus his muneribus te liberasses. Sed haec posterius. Tu fac venias, et de librariis, si me amas, agas diligenter.

(1) perbelle: sehr gut • **offendere:** antreffen • **dissignatio:** Anordnung • **mirificus:** bewundernswert • **Tyrranio:** *griech. Sprachforscher und Philologe. Er war als Gefangener nach Rom gekommen und von seinem Herrn L. Licinius Murena freigelassen worden. Zu seinem Bekanntenkreis in Rom gehörte neben Cicero und Atticus auch Caesar.* • **reliquiae:** Überbleibsel *(vgl. Einleitung zum Text)* • **putaram:** ≈ putaveram • **librariolus:** Kopist • **glutinator:** (Zusammenleimer), Buchbinder • **administer,** -ri: Gehilfe • **membranula:** dünnes Pergamentblatt • **index:** Etikett für den Titel • **(2) adhaerescere:** (hängen) bleiben • **Pilia:** *seit 56 v. Chr. mit Atticus verheiratet* • **Tullia:** *Tochter Ciceros* • **me dius fidius ne:** *(Ausruf):* ja bei Gott! • **lóchos** *(griechisch):* Truppe, Schar • **locare:** vermieten • **munus,** eris, *n:* Zirkusvorstellung • **liberare:** *gemeint ist von den Ausgaben*

Ansätze zur Humanisierung

21 Q. Horatius Flaccus: *Epistulae I 14*

Horaz (vgl. Text 1) hatte von Maecenas, seinem Freund und Förderer, um 33 v. Chr. in den Sabinerbergen ein kleines Bauerngut geschenkt bekommen. Damit ist ihm eine gewisse wirtschaftliche Unabhängigkeit verschafft, die es ihm ermöglicht, seinen Posten als Sekretär bei der Quästur aufzugeben und sich ganz der Literatur zuzuwenden.

Vilice silvarum et mihi me reddentis agelli,
quem tu fastidis, habitatum quinque focis et
quinque bonos solitum Variam dimittere patres,
certemus, spinas animone ego fortius an tu
evellas agro, et melior sit Horatius an res.
Me quamvis Lamiae pietas et cura moratur
fratrem maerentis, rapto de fratre dolentis

(1) vilicus: (Guts-)Verwalter • **reddentis:** *verbinde mit* agelli • **agellus:** kleines Gehöft – *Hiermit ist das Gut gemeint, von dem in der Einleitung zum Text die Rede ist. Es lag nordöstlich von Tibur (heute Tivoli) im Digentiatal (heute Licenzatal)* • **fastidire:** nicht mögen • **habitatum:** *(kongruiert mit* quem) bewohnt • **focus:** Feuerstelle • **Varia:** *Städtchen (heute Vicovaro), an der Mündung der Licenza in den Anio gelegen* • **certare:** *hier:* wetten • **spina:** Dorngestrüpp; *im übertragenen Sinn:* Leidenschaften • **fortis:** entschlossen • **(5) evellere:** herausziehen • **melior:** *hier:* gereinigter • **res:** *gemeint ist der* agellus • **quamvis:** obwohl • **(L. Aelius) Lamia:** *Konsul 3 n. Chr., gestorben 33 n. Chr., Freund des Horaz;* **Lamiae** *ist Gen. obiect.* • **maerentis . . . dolentis:** *verbinde mit Lamiae* • **raptus:** *(vom Tod)* dahingerafft

insolabiliter, tamen istuc mens animusque
fert et avet spatiis obstantia rumpere claustra.
Rure ego viventem, tu dicis in urbe beatum:
cui placet alterius, sua nimirum est odio sors.
Stultus uterque locum immeritum causatur inique:
in culpa est animus, qui se non effugit umquam.
Tu mediastinus tacita prece rure petebas,
nunc urbem et ludos et balnea vilicus optas:
me constare mihi scis et discedere tristem,
quandocumque trahunt invisa negotia Romam.
Non eadem miramur; eo disconvenit inter
meque et te; nam quae deserta et inhospita tesqua
credis, amoena vocat mecum qui sentit, et odit
quae tu pulchra putas. Fornix tibi et uncta popina
incutiunt urbis desiderium, video, et quod
angulus iste feret piper et tus ocius uva
nec vicina subest vinum praebere taberna
quae possit tibi, nec meretrix tibicina, cuius
ad strepitum salias terrae gravis; et tamen urges
iampridem non tacta ligonibus arva bovemque
disiunctum curas et strictis frondibus exples;
addit opus pigro rivus, si decidit imber,
multa mole docendus aprico parcere prato.
Nunc age quid nostrum concentum dividat, audi.
Quem tenues decuere togae nitidique capilli,

insolabiliter: untröstlich • **istuc:** ≈ ubi tu es • **mens animusque:** Gemütsverfassung/Stimmung und Wille • **fert:** *Subjekt ist* **mens animusque**; *das Prädikat im Singular, da mens animusque als eng zusammengehörig aufgefaßt sind. Akkusativobjekt zu* **fert** *ist* **me** *(Z. 6)* • **avere:** heftig wünschen • **spatium:** *hier:* Rennbahn • **obstare:** im Wege stehen, absperren • **claustrum:** Verschluß, Schranke *(die den* carcer, *in dem das Renngespann vor dem Start steht, von der Bahn, dem* spatium, *trennt)* • **(11) nimirum** *(Adv):* allerdings, ohne Frage • **locus immeritus:** Ort, der nichts dafür kann/nicht schuld ist • **causari:** beschuldigen • **mediastinus:** Sklave von untergeordnetem Rang *(innerhalb der in einer familia herrschenden Hierarchie), „Mädchen für alles“* • **prece:** *Vgl.* **preces,** -um; *im Singular nur Dat., Akk., Abl. gebräuchlich* • **(15) balneum:** Bad • **sibi constare:** sich treu bleiben • **invisus:** verhaßt • **eo:** in diesem Punkt • **disconvenit:** es gibt keine Übereinstimmung • **inhospitus:** ungastlich • **tesqua:** Ödnis, Wildnis • **(20) amoenus:** schön, reizvoll • **fornix:** Gewölbe, Bordell • **unctus:** voller Fettdunst • **popina:** Garküche • **incutere** (-io): hineinschleudern, einjagen • **angulus:** Ecke, Winkel, Fleckchen Erde • **piper,** -eris, *n.:* Pfeffer • **tus,** turis, *n.:* Weihrauch; *weder Pfeffer noch Weihrauch wuchsen in Italien* • **ocius** *(Adv):* schneller • **uva:** Traube; *hier Abl. compar.* • **vicinus:** benachbart • **taberna:** Schankstube • **subesse:** in der Nähe vorhanden sein • **(25) meretrix:** Dirne • **tibicina:** Flötenspielerin • **strepitus,** -us: Gedröhn • **terrae:** *verbinde mit* **gravis** • **salire:** tanzen • **et tamen:** und *(obwohl dir alle Genüsse fehlen, so)* . . . trotzdem • **urgere:** bedrängen, zu Leibe rücken • **iampridem:** schon längst • **ligo,** -onis, *m.:* Hacke • **arvum:** Akker, Flur • **disiunctus:** ausgespannt *(vom Pflug)* • **frons,** frondis: Laub • **stringere:** abstreifen • **explere:** sättigen, füttern • **piger:** verdrossen • **rivus:** Bach • **decidere:** fallen • **imber:** Regen • **(30) apricus:** von Sonne beschienen, freiliegend • **pratum:** Wiese • **concentus,** -us: Übereinstimmung, Harmonie • **tenuis:** zart, fein • **nitidus:** glänzend, gesalbt • **capillus:** Haar

quem scis immunem Cinarae placuisse rapaci,
quem bibulum liquidi media de luce Falerni,
cena brevis iuvat et prope rivum somnus in herba;
nec lusisse pudet, sed non incidere ludum.
Non istic obliquo oculo mea commoda quisquam
limat, non odio obscuro morsuque venenat:
rident vicini glaebas et saxa moventem.
Cum servis urbana diaria rodere mavis,
horum tu in numerum voto ruis: invidet usum
lignorum et pecoris tibi calo argutus et horti.
Optat ephippia bos piger, optat arare caballus:
quam scit uterque, libens, censebo, exerceat artem.

immunis: jemand, der keine Geschenke mitbringt, ohne Geschenke ● **rapax:** nach Geschenken gierig ● **Cinara:** Eigenname, *Pseudonym für eine Geliebte des Horaz* ● **bibulus:** jemand, der gern trinkt; *ergänze:* fuisse ● **liquidus:** hell, klar ● **media de luce:** vom hellen Mittag an ● **Falernum:** *Wein aus der Gegend des* Falernus ager, *einer Gegend zwischen* Mons Massicus *und dem* Volturnus ● **(36) ludere:** ein leichtsinniges Leben führen ● **pudet:** es erfüllt (mich) mit Scham ● **incidere:** beenden ● **obliquus:** mißgünstig ● **limare:** abfeilen, schmälern ● **morsus,** -us: Biß ● **venenare:** vergiften ● **glaeba:** Scholle ● **(40) diarium:** tägliche Ration ● **rodere:** (ab)nagen ● **horum:** *gemeint sind die Stadtsklaven* ● **usus,** -us: Nießbrauch, freie Nutzung ● **calo:** Stallknecht ● **argutus:** beredt, pfiffig ● **ephippium:** Sattel ● **caballus:** Roß ● **libens:** gern, mit Vergnügen

22 Seneca: *Epistulae morales ad Lucilium, 47*

SENECA LUCILIO SUO SALUTEM

1 Libenter ex iis qui a te veniunt cognovi familiariter te cum servis tuis vivere: hoc prudentiam tuam, hoc eruditionem decet. 'Servi sunt.' Immo homines. 'Servi sunt.' Immo contubernales. 'Servi sunt.' Immo humiles amici. 'Servi sunt.' Immo conservi, si cogitaveris tantundem in utrosque licere fortunae. **2** Itaque rideo istos qui turpe existimant cum servo suo cenare: quare, nisi quia superbissima consuetudo cenanti domino stantium servorum turbam circumdedit? Est ille plus quam capit, et ingenti aviditate onerat distentum ventrem ac desuetum iam ventris officio, ut maiore opera omnia egerat quam ingessit. **3** At infelicibus servis movere labra ne in hoc quidem, ut loquantur, licet; virga murmur omne compescitur, et ne fortuita quidem verberibus excepta sunt, tussis, sternumenta, singultus; magno malo ulla voce interpellatum silentium luitur; nocte tota ieiuni mutique perstant. **4** Sic fit ut isti de domino loquantur quibus coram domino loqui non licet. At illi quibus non tantum coram

(1) contubernalis, is *m.:* Hausgenosse ● **tantundem:** gleichviel ● **(2) quare, nisi quia:** warum, nur weil ● **est:** *Kurzform von:* edit ● **capere,** -io, cepi, captus: aufnehmen ● **distentus,** a, um: prall ● **desuetus,** a, um: entwöhnt ● **egerere,** egessi, egestus: erbrechen ● **(3) labrum,** i *n.:* Lippe ● **virga,** ae *f.:* Rute ● **murmur,** uris *n.:* Gemurmel ● **compescere,** -pescui: unterdrükken ● **fortuitus,** a, um: zufällig ● **verbera,** um *n.:* Schläge, Züchtigung ● **tussis,** is *f.:* Husten ● **sternumentum,** i *n.:* Niesen ● **singultus,** us *m.:* Schlucken ● **interpellare:** unterbrechen ● **luere,** lui: büßen, bezahlen ● **ieiunus,** a, um: nüchtern, hungrig ● **(4) coram** *m. Abl.:* in Gegenwart von

dominis sed cum ipsis erat sermo, quorum os non consuebatur, parati erant pro domino porrigere cervicem, periculum inminens in caput suum avertere; in conviviis loquebantur, sed in tormentis tacebant.

5 Deinde eiusdem adrogantiae proverbium iactatur, totidem hostes esse quot servos: non habemus illos hostes sed facimus. Alia interim crudelia, inhumana praetereo, quod ne tamquam hominibus quidem sed tamquam iumentis abutimur. Cum ad cenandum discubuimus, alius sputa deterget, alius reliquias temulentorum toro subditus colligit. **6** Alius pretiosas aves scindit; per pectus et clunes certis ductibus circumferens eruditam manum frusta excutit, infelix, qui huic uni rei vivit, ut altilia decenter secet, nisi quod miserior est qui hoc voluptatis causa docet quam qui necessitatis discit. **7** Alius vini minister in muliebrem modum ornatus cum aetate luctatur: non potest effugere pueritiam, retrahitur, iamque militari habitu glaber retritis pilis aut penitus evulsis tota nocte pervigilat, quam inter ebrietatem domini ac libidinem dividit et in cubiculo vir, in convivio puer est. **8** Alius, cui convivarum censura permissa est, perstat infelix et expectat quos adulatio et intemperantia aut gulae aut linguae revocet in crastinum. Adice obsonatores quibus dominici palati notitia subtilis est, qui sciunt cuius illum rei sapor excitet, cuius delectet aspectus, cuius novitate nauseabundus erigi possit, quid iam ipsa satietate fastidiat, quid illo die esuriat. Cum his cenare non sustinet et maiestatis suae deminutionem putat ad eandem mensam cum servo suo accedere. Di melius! quot ex istis dominos habet! **9** Stare ante limen Callisti dominum suum vidi et eum qui illi inpegerat titulum, qui inter reicula mancipia produxerat, aliis intrantibus excludi. Rettulit illi gratiam servus ille in primam decuriam coniectus, in qua vocem praeco experitur: et ipse illum invicem apologavit, et ipse non iudicavit domo sua dignum. Dominus Callistum vendidit: sed domino quam multa Callistus.

10 Vis tu cogitare istum, quem servum tuum vocas, ex isdem seminibus ortum eodem frui caelo, aeque spirare, aeque vivere, aeque mori! tam tu illum videre ingenuum potes quam ille te servum. Variana clade multos splendidissime natos, senatorium per militiam auspicantes gradum, fortuna depressit: alium ex illis pastorem,

consuere: zusperren • **cervix,** icis *f.:* Hals • **(5) iactare:** *hier:* häufig erwähnen • **interim:** einstweilen • **iumentum,** i *n.:* Lasttier • **abuti,** -usus sum: mißbrauchen • **discumbere,** -cubui: sich niederlegen • **sputum,** i *n:* Auswurf • **detergere,** -eo, -tersi, -tersus: wegwischen • **temulentus,** a, um: betrunken • **torus,** i *m.:* Lager, Sofa • **subditus,** a, um: unten liegend • **(6) avis,** is *f.:* Vogel • **scindere,** scidi, scissus: zerlegen • **clunis,** is *f.:* (Hinter)keule • **ductus,** us *m.:* Bewegung • **eruditus,** a, um: geschickt • **frustum,** i *n.:* Stück(chen) • **excutere,** -io, -cussi, -cussus: *hier:* ablösen • **altilia,** ium *n. Pl.:* Mastgeflügel • **nisi quod . . . (is):** außer daß derjenige . . ., der • **necessitatis** *(sc:* causa) • **(7) luctari:** kämpfen • **glaber,** -bra, -brum: glatt • **reterere,** -tritus: abreiben • **pilus,** i *m.:* Haar • **penitus** *(Adv.):* völlig • **evellere,** -velli, -vulsus: herausreißen • **ebrietas,** atis *f.:* Trunkenheit • **(8) adulatio,** onis *f.:* Schmeicheln • **gula,** ae *f.:* Gefräßigkeit • **obsonator,** oris *m.:* Einkäufer • **palatum,** i *n.:* Gaumen • **sapor,** oris *m.:* Geschmack • **nauseabundus,** a, um: mit verdorbenem Magen • **40 fastidire:** verschmähen • **esurire:** Hunger haben • **di melius** *(sc.* dent)!: Gott bewahre! • **(9) limen,** inis *n.:* Schwelle • **inpingere,** -pegi, -pactus: anlegen • **titulum:** *auf dem Markt für den Verkauf bestimmte Sklaven trugen Tafeln am Hals mit Angaben über Namen, Alter, Herkunft und Verdienste* **decuriam:** *in der ersten Abteilung standen die Sklaven, die voraussichtlich wenig einbrachten.* **praeco,** onis *m.:* Ausrufer • **Callistus:** *Gaius Iulius Callistus, ursprünglich Sklave des Kaisers Caligula, wurde freigelassen und erhielt schließlich einen Ministerposten.* • **(10) semen,** inis *n.:* Samen • **auspicari:** eine Vogelschau anstellen, *hier:* hoffnungsvoll be-

alium custodem casae fecit. Contemne nunc eius fortunae hominem, in quam transire dum contemnis potes. **11** Nolo in ingentem me locum inmittere et de usu servorum disputare, in quos superbissimi, crudelissimi, contumeliosissimi sumus. Haec tamen praecepti mei summa est: sic cum inferiore vivas, quemadmodum tecum superiorem velis vivere. Quotiens in mentem venerit, quantum tibi in servum liceat, veniat in mentem tantundem in te domino tuo licere. **12** 'At ego' inquis 'nullum habeo dominum.' Bona aetas est: forsitan habebis. Nescis, qua aetate Hecuba servire coeperit, qua Croesus, qua Darei mater, qua Platon, qua Diogenes? **13** Vive cum servo clementer, comiter quoque, et in sermonem illum admitte et in consilium et in convictum. Hoc loco adclamabit mihi tota manus delicatorum 'nihil hac re humilius, nihil turpius'. Hos ego eosdem deprehendam alienorum servorum osculantes manum. **14** Ne illud quidem videtis, quam omnem invidiam maiores nostri dominis, omnem contumeliam servis detraxerint? Dominum patrem familiae appellaverunt, servos, quod etiam in mimis adhuc durat, familiares; instituerunt diem festum, non quo solo cum servis domini vescerentur, sed quo utique; honores illis in domo gerere, ius dicere permiserunt et domum pusillam rem publicam esse iudicaverunt. **15** 'Quid ergo? omnes servos admovebo mensae meae?' Non magis quam omnes liberos. Erras, si existimas me quosdam quasi sordidioris operae reiecturum, ut puta illum mulionem et illum bubulcum. Non ministeriis illos aestimabo, sed moribus: sibi quisque dat mores, ministeria casus adsignat. Quidam cenent tecum, quia digni sunt, quidam, ut sint; si quid enim in illis ex sordida conversatione servile est, honestiorum convictus excutiet. **16** Non est, mi Lucili, quod amicum tantum in foro et in curia quaeras: si diligenter adtenderis, et domi invenies. Saepe bona materia cessat sine artifice: tempta et experire. Quemadmodum stultus est, qui equum empturus non ipsum inspicit, sed stratum eius ac frenos, sic stultissimus est, qui hominem aut ex veste aut ex condicione, quae vestis modo nobis circumdata est, aestimat. **17** 'Servus est.' Sed fortasse liber animo. 'Servus est.' Hoc illi nocebit? Ostende,

ginnen ● **pastor,** oris *m.:* Hirte ● **casa,** ae *f.:* Hütte ● **(11) locus,** i *m.: hier:* Thema ● **se inmittere,** -misi, -missus: *hier:* sich einlassen ● **(12) Hecuba:** *Gattin des Trojanerkönigs Priamos; nach Trojas Fall wurde sie Sklavin des Odysseus* ● **Croesus:** *König der Lyder, im Kampf gegen Kyros I. von Persien gefangengenommen (546 v. Chr.), zum Tode verurteilt, wurde dann aber noch gerettet.* ● **Darei mater:** *Sisigambis, die Mutter des Perserkönigs Dareus, lebte nach der Schlacht von Issos (333 v. Chr.) als Gefangene Alexanders des Großen.* ● **Platon:** *Platon (427–348 v. Chr.) soll auf Weisung des Tyrannen Dionysios I. von Syrakus in Ägina als Sklave verkauft, dann aber von dem Käufer wieder in die Freiheit entlassen worden sein.* ● **Diogenes:** *Diogenes von Sinope (404–323 v. Chr.), der bekannteste unter den Kynischen Philosophen, die das Ideal der Bedürfnislosigkeit verkündeten, wurde angeblich von Seeräubern gefangen und als Sklave zum Verkauf angeboten.* ● **(13) admittere,** -misi, -missus: *hier:* hinzuziehen ● **convictus,** us *m.:* Essen; Zusammenleben ● **delicatus,** a, um: fein ● **osculari:** küssen ● **(14) quam:** *dem Sinne nach:* quantopere ● **invidia,** ae *f.:* Gehässigkeit ● **contumelia,** ae *f.:* Kränkung ● **mimus,** i *m.:* Posse ● **durare:** *hier:* fortleben ● **non quo** ≈ non ut eo ● **vesci:** speisen ● **utique:** überhaupt ● **honores gerere:** Ämter innehaben ● **pusillus,** a, um: sehr klein ● **(15) sordida opera:** schmutzige/niedrige Arbeit ● **reicere,** -io, -ieci, -iectus: zurückweisen, verschmähen ● **ut puta:** *hier:* wie zum Beispiel ● **mulio,** onis *m.:* Maultiertreiber ● **bubulcus,** i *m.:* Ochsenknecht ● **excutere,** -io, -cussi, -cussus: abstoßen, entfernen ● **(16) non est, quod:** es gibt keinen Grund dafür, daß ● **et** ≈ etiam ● **cessare:** müßig sein, brach liegen ● **stratum,** i *n.:* Sattel ● **frenum** *(Pl. meist freni):* Zaumzeug ● **condicio,** onis *f.:* Rang, Stand ● **modo** *(nachgestellt):*

quis non sit: alius libidini servit, alius avaritiae, alius ambitioni, omnes spei, omnes timori. Dabo consularem aniculae servientem, dabo ancillulae divitem, ostendam nobilissimos iuvenes mancipia pantomimorum: nulla servitus turpior est quam voluntaria. Quare non est, quod fastidiosi isti te deterreant, quominus servis tuis hilarem te praestes et non superbe superiorem: colant potius te quam timeant. **18** Dicet aliquis nunc me vocare ad pilleum servos et dominos de fastigio suo deicere, quod dixi, 'colant potius dominum quam timeant'. 'Ita' inquit 'prorsus? colant tamquam clientes, tamquam salutatores?' Hoc qui dixerit, obliviscetur id dominis parum non esse, quod deo sat est. Qui colitur, et amatur: non potest amor cum timore misceri.

19 Rectissime ergo facere te iudico, quod timeri a servis tuis non vis, quod verborum castigatione uteris: verberibus muta admonentur. Non quidquid nos offendit, et laedit; sed ad rabiem cogunt pervenire deliciae, ut, quidquid non ex voluntate respondit, iram evocet. **20** Regum nobis induimus animos; nam illi quoque obliti et suarum virium et imbecillitatis alienae sic excandescunt, sic saeviunt, quasi iniuriam acceperint, a cuius rei periculo illos fortunae suae magnitudo tutissimos praestat. Nec hoc ignorant, sed occasionem nocendi captant querendo; acceperunt iniuriam, ut facerent.

21 Diutius te morari nolo; non est enim tibi exhortatione opus. Hoc habent inter cetera boni mores: placent sibi, permanent. Levis est malitia, saepe mutatur, non in melius, sed in aliud. Vale.

wie ● **(17) dare:** *hier:* nennen ● **anicula,** ae *f.:* alte Frau ● **ancillula,** ae *f.:* junge Magd, Sklavin ● **divitem** *(sc.* servientem) ● **pantomimus,** i *m.:* Ballettänzer ● **fastidiosus,** a, um: ekelhaft ● **hilaris,** e: heiter ● **pilleum,** i *n.:* Filzkappe, *die von freien Bürgern getragen und die den Sklaven bei der Freilassung aufgesetzt wurde.* ● **fastigium,** i *n.:* Gipfel, Würde ● **prorsus** *(Adv.):* mit einem Wort, geradezu ● **castigatio,** onis *f.:* Züchtigung ● **rabies,** ei *f.:* Wildheit, Raserei ● **deliciae,** arum *f. (Pl.):* Verwöhntheit ● **induere animos:** Neigungen annehmen ● **imbecillitas,** atis *f.:* Schwäche ● **praestare** *m. dopp. Akk.:* machen zu ● **malitia,** ae *f.:* Schlechtigkeit

23 Valerius Maximus: *Facta et dicta memorabilia*

Das achte Kapitel des 6. Buches aus dem Werk des Valerius Maximus (vgl. Text 12) behandelt die fides servorum.

a) VI 8, 3

[. . .] C. Gracchus, ne in potestatem inimicorum perveniret, Philocrati, servo suo, cervices incidendas praebuit. Quas cum celeri ictu abscidisset, gladium cruore domini manantem per sua egit praecordia. Euporum alii hunc vocitatum existimant: ego de

(1) C. (Sempronius) Gracchus: *153–121 v. Chr. Er setzte als Volkstribun das Werk seines Bruders* **Ti. Sempronius Gracchus** *(162–133 v. Chr.) fort. Durch Agrarreformen, deren Durchsetzung am Widerstand reaktionärer Nobilitätskreise scheiterte, versuchten die beiden Gracchen der bedrängenden sozialen Probleme ihrer Zeit Herr zu werden.* ● **Philocrates:** griech. Eigenname ● **cervix:** Hals, Nacken ● **incidere:** in etw. hineinschneiden ● **ictus,** -us: Stich, Hieb, Stoß ● **abscindere:** abschlagen ● **cruor:** Blut ● **manare:** triefen ● **praecordia,** -orum: Eingeweide, Brust ● **Euporus:** griech. Eigenname ● **vocitare:** (üblicherweise) nennen

nomine nihil disputo, famularis tantummodo fidei robur admiror. Cuius si praesentiam animi generosus iuvenis imitatus foret, suo, non servi beneficio imminentia supplicia vitasset. Nunc commisit, ut Philocratis quam Gracchi cadaver speciosius iaceret.

famularis: Sklaven-; *verbinde mit* **fidei** • **tantummodo:** nur • **robur,** roboris, *n.:* Kraft, Stärke • **(5) praesentia animi:** Geistesgegenwart, Entschlossenheit • **generosus:** von adeliger Herkunft • **foret:** ≈ esset • **committere, ut..:** es dazu kommen lassen, daß ... • **cadaver,** -eris, *n:* Leichnam • **speciosus:** Bewunderung erregend.

b) VI 8, 5

[...] C. Plotius Plancus, cum a triumviris proscriptus in regione Salernitana lateret, delicatiore vitae genere et odore unguenti occultam salutis custodiam detexit; istis enim vestigiis eorum, qui miseros persequebantur, sagax inducta cura abditum fugae eius cubile odorata est. A quibus comprehensi servi latentis multumque ac diu torti negabant se scire, ubi dominus esset. Non sustinuit deinde Plancus tam fideles tamque boni exempli servos ulterius cruciari, sed processit in medium iugulumque gladiis militum obiecit. Quod certamen mutuae benivolentiae arduum dinosci facit, utrum dignior dominus fuerit, qui tam constantem servorum fidem experiretur, an servi, qui tam iusta domini misericordia quaestionis saevitia liberarentur.

(1) C. Plotius Plancus: *Obwohl von Caesar für 43 v. Chr. zum Prätor designiert, blieb er nach dessen Ermordung trotzdem Anhänger der Senatspartei und Ciceros. Er versuchte in seinem Amt als Prätor zwischen dem Senat und den Triumvirn Antonius, Octavianus und Lepidus zu vermitteln, kam jedoch auf die Proskriptionslisten.* • **regio Salernitana:** Gegend von Salernum *(heute Salerno)* • **delicatus:** elegant, üppig • **odor:** Duft • **unguentum:** Parfüm *(wurde in Salböl gebunden)* • **custodia:** Ort, der Sicherheit bietet, Zufluchtsort • **detegere:** verraten, entdecken • **eorum, ... persequebantur:** *Gen. Attr. zu* **cura** • **persequi:** verfolgen • **sagax:** scharfsinnig • **inducere:** anleiten; *verbinde* **istis vestigiis** *mit* **inducta** • **fuga:** *hier:* Zufluchtsort • **odorari:** aufspüren • **cubile,** is *n.:* Schlafraum • **latere:** verborgen sein • **torquere:** foltern • **(5) cruciari:** peinigen • **iugulum:** Hals, Kehle • **arduus:** steil, schwer • **dinoscere:** erkennen • **saevitia:** Wut, Grausamkeit

c) VI 8, 7

Antius Restio proscriptus a triumviris, cum omnes domesticos circa rapinam et praedam occupatos videret, quam maxime poterat dissimulata fuga se penatibus suis intempesta nocte subduxit. Cuius furtivum egressum servus ab eo vinculorum poena coercitus inexpiabilique litterarum nota per summam oris contumeliam inustus curiosis speculatus oculis ac vestigia huc atque illuc errantia benivolo studio

(1) (C.) Antius Restio: *46 v. Chr. Münzmeister* • **domesticus:** *(hier)* (Haus-)Sklave • **rapina:** Raub • **quam ... poterat:** möglichst; *ziehe zu* **dissimulata** • **penates,** -ium: *hier:* Haus • **intempesta nox:** tiefste Nacht • **se subducere:** sich heimlich entfernen • **furtivus:** heimlich • **egressus,** -us: Weggehen • **inexpiabilis:** untilgbar • **litterarum nota:** Mal aus Buchstaben, Brandzeichen • **per contumeliam:** zur Schande • **inurere:** kennzeichnen • **(5) curiosus:** neugierig, interessiert • **speculari:** beobachten • **benivolus:** freundlich, wohlwollend

subsecutus lateri voluntarius comes adrepsit. Quo quidem tam exquisito tamque ancipiti officio perfectissimum inexspectatae pietatis cumulum expleverat: his enim, quorum felicior in domo status fuerat, lucro intentis ipse, nihil quam umbra et imago suppliciorum suorum, maximum esse emolumentum eius, a quo tam graviter punitus erat, salutem iudicavit, cumque abunde foret iram remittere, adiecit etiam caritatem. Nec hactenus benivolentia processit, sed in eo conservando mira quoque arte usus est: nam ut sensit cupidos sanguinis milites supervenire, amoto domino rogum exstruxit eique egentem a se comprehensum et occisum senem superiecit. Interrogantibus deinde militibus, ubinam esset Antius, manum rogo intentans ibi illum datis sibi crudelitatis piaculis uri respondit. Quia veri similia loquebatur, habita est voci fides. Quo evenit, ut Antius tutam quaerendae incolumitatis occasionem assequeretur.

subsequi: ≈ sequi ● **voluntarius:** freiwillig ● **adrepere:** heranschleichen ● **exquisitus:** ausgesucht, bemerkenswert ● **anceps,** -itis: gefährlich ● **inexspectatus:** unerwartet ● **cumulus:** Übermaß, Gipfel ● **lucrum:** Erwerb ● **nihil . . . suorum:** *Apposition zu* **ipse** ● **emolumentum:** Nutzen ● **(10) abunde est:** es ist mehr als genug ● **foret:** ≈ esset ● **caritas:** *(aus Hochachtung entspringende)* Liebe ● **supervenire:** jemanden überraschen, überraschend ankommen ● **amovere:** beiseite schaffen ● **rogus:** Scheiterhaufen ● **ubinam:** wo denn ● **intentare:** ausstrecken ● **(15) piaculum:** Strafe ● **incolumitas:** Sicherheit, Rettung

24 Paulus: *Ad Ephesios 6, 5—9*

Apostel, Geburtsdatum unbekannt, gest. ca. 60 n. Chr.

5 Servi oboedite dominis carnalibus cum timore, et tremore, in simplicitate cordis vestri, sicut Christo:
6 Non ad oculum servientes, quasi hominibus placentes, sed ut servi Christi, facientes voluntatem Dei ex animo,
7 Cum bona voluntate servientes, sicut Domino, et non hominibus:
8 Scientes quoniam unusquisque quodcumque fecerit bonum, hoc recipiet a Domino, sive servus, sive liber.
9 Et vos domini eadem facite illis, remittentes minas: scientes quia et illorum, et vester Dominus est in coelis: et personarum acceptio non est apud eum.

(5) oboedire: gehorchen ● **carnalis,** e: leiblich ● **(9) minae,** arum *f.:* Drohungen

25 Plinius: *Epistulae V 19*

Gaius Plinius Caecilius Secundus, 62—113 n. Chr. Laufbahn als Anwalt und Politiker (111 als kaiserlicher Legat in der römischen Provinz Bithynien). Abfassung der überlieferten Briefsammlung: 98—109.

C. Plinius Valerio Paulino suo s.
Video, quam molliter tuos habeas; quo simplicius tibi confitebor, qua indulgentia meos tractem. Est mihi semper in animo et Homericum illud πατὴρ δ'ὣς ἤπιος ἦεν

et hoc nostrum „pater familiae". Quod si essem natura asperior et durior, frangeret me tamen infirmitas liberti mei Zosimi, cui tanto maior humanitas exhibenda est, quanto nunc illa magis eget, Homo probus, officiosus, litteratus; et ars quidem eius et quasi inscriptio comoedus, in qua plurimum facit. Nam pronuntiat acriter, sapienter, apte, decenter etiam; utitur et cithara perite, ultra quam comoedo necesse est. Idem tam commode orationes et historias et carmina legit, ut hoc solum didicisse videatur.

Haec tibi sedulo exposui, quo magis scires, quam multa unus mihi et quam iucunda ministeria praestaret. Accedit longa iam caritas hominis, quam ipsa pericula auxerunt. Est enim ita natura comparatum, ut nihil aeque amorem incitet et accendat quam carendi metus; quem ego pro hoc non semel patior. Nam ante aliquot annos, dum intente instanterque pronuntiat, sanguinem reiecit atque ob hoc in Aegyptum missus a me post longam peregrinationem confirmatus rediit nuper; deinde, dum per continuos dies nimis imperat voci, veteris infirmitatis tussicula admonitus rursus sanguinem reddidit. Qua ex causa destinavi eum mittere in praedia tua, quae Foro Iuli possides; audivi enim te saepe referentem esse ibi et aera salubrem et lac eius modi curationibus accommodatissimum.

Rogo ergo scribas tuis, ut illi villa, ut domus pateat, offerant etiam sumptibus eius, si quid opus erit; erit autem opus modico. Est enim tam parcus et continens, ut non solum delicias, verum etiam necessitates valetudinis frugalitate restringat. Ego proficiscenti tantum viatici dabo, quantum sufficiat eunti in tua. Vale!

(1) indulgentia, ae *f.*: Güte ● **patér d'hos épios èën** *(Griech.)*: wie ein Vater gütig war er ● **(5) cithara,** ae *f.*: Zither ● **(15) imperare:** *hier:* zumuten ● **praedium,** i *n.*: Gut ● **accommodatus,** a, um: geeignet ● **(20) sumptus,** us *m.*: *hier:* Bedürfnis ● **frugalitas,** atis *f.*: Anspruchslosigkeit ● **restringere,** -strinxi, -strictus: einschränken ● **viaticum,** i *n.*: Reisegeld

26 Augustinus: *De civitate dei XIX 14–16*

Aurelius Augustinus, 354–430. Ursprünglich Heide, dann Manichäer, später zum Christentum bekehrt. Seit 395 Bischof von Hippo/Nordafrika; beeinflußte als Kirchenlehrer die abendländische Theologie bis ins 13. Jh.
Werke: Confessiones (Geschichte seiner Bekehrung), De trinitate (Über den dreifaltigen Gott), De civitate dei (Über den Gottesstaat, die Weltgeschichte als Heilsgeschichte betrachtet)

Die Friedensordnung und das letzte Ziel

14. Aller Gebrauch zeitlicher Dinge zielt also im irdischen Staate auf den Genuß irdischen Friedens ab, im himmlischen Staate aber auf den Genuß des ewigen Friedens. Wären wir demnach vernunftlose Lebewesen, würden wir nichts begehren als das geordnete Verhältnis der Körperteile und die Ruhelage der Triebe, also nichts als Ruhe des Fleisches und Fülle von Genüssen, damit leiblicher Friede dem Frieden der Seele förderlich sei. Denn fehlt der leibliche Friede, wird auch der Friede im vernunftlosen Seelenleben behindert, weil die Ruhelage der Triebe nicht erreicht werden kann. Beides zusammen aber fördert den Frieden zwischen Seele und Leib, nämlich den Frieden des geordneten Lebens und Wohlbefindens. Denn wie die Lebewesen zu erkennen geben, daß sie den Frieden des Leibes lieben, da sie den Schmerz fliehen, sowie den Frieden der Seele, da sie zur Befriedigung der Bedürfnisse ihrer Triebe der Lust nachgehen, so zeigen sie durch ihre Flucht vor dem Tode deutlich an, wie sehr sie auch den Frieden lieben, der Seele und Leib in Freundschaft verbindet. Doch weil der Mensch eine vernünftige Seele besitzt, ordnet er all das, was er mit den Tieren gemeinsam hat, dem Frieden der vernünftigen Seele unter, urteilt demnach mit dem Geiste und handelt dementsprechend so, daß sich eine geordnete Übereinstimmung von Erkennen und Handeln ergibt, die wir den Frieden der vernünftigen Seele nannten. Um seinetwillen muß er wünschen, weder von Schmerz belästigt, noch von Verlangen beunruhigt, noch vom Tode aufgelöst zu werden. Denn nur dann kann er Nützliches erkennen und sein Leben und Verhalten nach dieser Erkenntnis einrichten. Doch damit er nicht gerade durch sein Erkenntnisstreben infolge der Schwäche des menschlichen Geistes verderblichen Irrtümern verfällt, bedarf er der göttlichen Unterweisung, der er in Sicherheit gehorcht, und der göttlichen Unterstützung, um in Freiheit zu gehorchen. Und da er, solange er in diesem sterblichen Leibe weilt, fern vom Herrn dahinpilgert, wandelt er im Glauben und nicht im Schauen. So muß denn aller Friede, der Friede des Leibes und der Seele sowie der zwischen Leib und Seele, gerichtet sein auf jenen Frieden, der den sterblichen Menschen mit dem unsterblichen Gott verbindet; dann besitzt er den im Glauben geordneten Gehorsam gegen das göttliche Gesetz. Nun lehrt aber der göttliche Meister zwei Hauptgebote, Gottes- und Nächstenliebe, in denen der Mensch drei Gegenstände der Liebe findet, nämlich Gott, sich selbst und den Nächsten, und wer Gott liebt, geht auch in der Selbstliebe nicht irre. So ergibt sich die Folgerung, daß er auch dem Nächsten, den er lieben soll wie sich selbst, also Weib, Kindern, Hausgenossen und allen übrigen Menschen, soweit das möglich ist, zur Gottesliebe behilflich sein und die gleiche Hilfe, wenn er ihrer bedarf, sich vom Nächsten leisten lassen soll. Dann wird er, soviel an ihm liegt, mit allen Menschen Frieden haben, jenen Frieden unter Menschen, der in geordneter Eintracht besteht. Diese Ordnung aber ist, daß er zunächst einmal keinem schade, sodann aber auch nütze, wem er kann. An erster Stelle also obliegt ihm die Sorge für die Seinen, denn ihnen kann er nach Ordnung der Natur und der menschlichen Gesellschaft am bequemsten und leichtesten behilflich sein. Darum sagt der Apostel: „So jemand die Seinen, zumal seine Hausgenossen, nicht versorgt, der hat den Glauben verleugnet und ist ärger als ein Heide.“ Daraus entspringt also auch der häusliche Friede, das ist die geordnete Eintracht der Zusammenwohnenden im Befehlen und Gehorchen. Denn hier befehlen die, die Fürsorge üben, der Mann dem Weibe, die Eltern den Kindern, die Herren den Knechten. Es gehorchen aber die, denen die Fürsorge gilt, die Frauen ihren Ehemännern, die Kinder den Eltern, die Knechte den Herren. Doch im Hause des Gerechten, der aus dem Glauben lebt und noch fern der himmlischen Stadt dahinpilgert, dienen auch die, welche befehlen, denen, welchen sie zu befehlen scheinen. Denn nicht die Lust zu herrschen, sondern die Pflicht zu helfen heißt sie befehlen, nicht ehrgeiziger Hochmut, sondern fürsorgliches Erbarmen.

15 Hoc naturalis ordo praescribit ita Deus hominem condidit. Nam: *Dominetur,* inquit, *piscium maris et volatilium caeli et omnium repentium, quae repunt super terram.* Rationalem factum ad imaginem suam noluit nisi inrationabilibus dominari; non hominem homini, sed hominem pecori. Inde primi iusti pastores pecorum magis quam reges hominum constituti sunt, ut etiam sic insinuaret Deus, quid postulet ordo creaturarum, quid exigat meritum peccatorum. Condicio quippe servitutis iure intellegitur inposita peccatori. Proinde nusquam scripturarum legimus servum, antequam hoc vocabulo. Noe iustus peccatum filii vindicaret. Nomen itaque istud culpa meruit, non natura. Origo autem vocabuli servorum in Latina lingua inde creditur ducta, quod hi, qui iure belli possent occidi, a victoribus cum servabantur servi

(1) praescribere, -scripsi, -scriptum: vorschreiben ● **volatilis, e:** geflügelt: *hier:* Vogel ● **repere,** repsi: kriechen ● **rationalis,** e: vernünftig ● **(5) insinuare:** *hier:* deutlich machen

fiebant, a servando appellati; quod etiam ipsum sine peccati merito non est. Nam et cum iustum geritur bellum, pro peccato e contrario dimicatur; et omnis victoria, cum etiam malis provenit divino, iudicio victos humiliat vel emendans peccata vel puniens. Testis est homo Dei Daniel, cum in captivitate positus peccata sua et peccata populi sui confitetur Deo et hanc esse causam illius captivitatis pio dolore testatur. Prima ergo servitutis causa peccatum est, ut homo homini condicionis vinculo subderetur; quod non fit nisi Deo iudicante, apud quem non est iniquitas et novit diversas poenas meritis distribuere delinquentium. Sicut autem supernus Dominus dicit: *Omnis, qui facit peccatum, servus est peccati,* ac per hoc multi quidem religiosi dominis iniquis, non tamen liberis serviunt: *A quo enim quis devictus est, huic et servus addictus est.* Et utique felicius servitur homini, quam libidini, cum saevissimo dominatu vastet corda mortalium, ut alias omittam, libido ipsa dominandi. Hominibus autem illo pacis ordine, quo aliis alii subiecti sunt, sicut prodest humilitas servientibus, ita nocet superbia dominantibus. Nullus autem natura, in qua prius Deus hominem condidit, servus est hominis aut peccati. Verum et poenalis servitus ea lege ordinatur, quae naturalem ordinem conservari iubet, perturbari vetat; quia si contra eam legem non esset factum, nihil esset poenali servitute cohercendum. Ideoque apostolus etiam servos monet subditos esse dominis suis et ex animo eis cum bona voluntate servire; ut scilicet, si non possunt a dominis liberi fieri, suam servitutem ipsi quodam modo liberam faciant, non timore subdolo, sed fideli dilectione serviendo, donec transeat iniquitas et evacuetur omnis principatus et potestas humana et sit Deus omnia in omnibus.

16 Quocirca etiamsi habuerunt servos iusti patres nostri, sic administrabant domesticam pacem, ut secundum haec temporalia bona filiorum sortem a servorum condicione distinguerent; ad Deum autem colendum, in quo aeterna bona speranda sunt, omnibus domus suae membris pari dilectione consulerent. Quod naturalis ordo ita praescribit, ut nomen patrum familias hinc exortum sit et tam late vulgatum, ut etiam inique dominantes hoc se gaudeant appellari. Qui autem veri patres familias sunt, omnibus in familia sua tamquam filiis ad colendum et promerendum Deum consulunt desiderantes atque optantes venire ad caelestem domum, ubi neccessarium non sit officium imperandi mortalibus, quia necessarium non erit officium consulendi iam in illa immortalitate felicibus; quo donec veniatur, magis debent patres quod dominantur, quam servi tolerate quod serviunt. Si quis autem in domo per inoboedientiam domesticae paci adversatur, corripitur seu verbo seu verbere seu quolibet alio genere poenae iusto atque licito, quantum societas humana concedit, pro eius qui corripitur utilitate, ut paci unde dissiluerat coaptetur. Sicut enim non est beneficentiae adiuvando efficere, ut bonum quod maius est amittatur: ita non est innocentiae parcendo sinere, ut in malum gravius incidatur. Pertinet ergo

peccator, oris *m.:* Sünder • **(10) dimicare:** kämpfen • **provenire:** -veni, -venturus: *hier:* zufallen • **emendare:** korrigieren • **testari:** bezeugen • **(15) vinculum,** i *n.:* Fessel • **subdere,** -didi, -ditus: unterwerfen • **(30) subdolus,** a, um: heimtückisch • **dilectio,** onis *f.:* Liebe • **principatus,** us *m.:* Vorrang • **(35) distinguere,** -tinxi, -tinctus: unterscheiden • **vulgare:** verbreiten • **promerere,** -eo, -ui: sich würdig, verdient machen • **(40) inoboedientia,** ae *f.:* Ungehorsam • **adversari:** sich widersetzen • **(45) corripere,** -io, -ripui, -reptus: zurechtweisen • **licitus,** a, um: erlaubt • **dissilire,** -silui: *hier:* abweichen • **coaptari:** sich anpassen • **beneficentia,** ae *f.:* Wohltätigkeit

ad innocentis officium, non solum nemini malum inferre, verum etiam cohibere a peccato vel punire peccatum, ut aut ipse qui plectitur corrigatur experimento, aut alii terreantur exemplo. Quia igitur hominis domus initium sive particula debet esse civitatis, omne autem initium ad aliquem sui generis finem et omnis pars ad universi, cuius pars est, integritatem refertur, satis apparet esse consequens, ut ad pacem civicam pax domestica referatur, id est, ut ordinata imperandi oboediendique concordia cohabitantium referatur ad ordinatam imperandi oboediendique concordiam civium. Ita fit, ut ex lege civitatis praecepta sumere patrem familias oporteat, quibus domum suam sic regat, ut sit paci adcommoda civitatis.

cohibere, -eo, -itus: zurückhalten • **(50) plecti,** -or, -i: gestraft werden • **experimentum,** i *n.: hier:* Erfahrung • **particula,** ae *f.:* Teilchen

Literaturverzeichnis

Apuleius: Metamorphosen oder der goldene Esel. Lateinisch und Deutsch von R. Helm, Berlin 1970

Aristoteles: Politik, hrsg. von O. Gigon, München 1978

Aurelius Augustinus, Vom Gottesstaat (De civitate dei). Aus dem Lateinischen übertragen von Wilhelm Thimme, dtv: München 1978

Œuvres de Saint Augustin, La cité de Dieu, lateinisch und französisch, übersetzt von G. Combès, 1960

Biblia Sacra, Die Heilige Schrift des Alten und Neuen Testaments mit dem Urtexte der Vulgata, Regensburg 1903

Des Marcus Cato Belehrung über die Landwirtschaft. Lateinisch und deutsch, eingel. und übers. von P. Thielscher, Berlin 1963

Cicero: The letters to his friends, with an English translation by Glynn Williams, London 1972

Marci Tullii Ciceronis: De officiis libros III. Lateinisch und deutsch, eingel. und neu übers. von K. Büchner, Zürich und Stuttgart 1964

M. Tulli Ciceronis Epistulae, Band 2 u. 3, hrsg. v. L. C. Purser, Oxford 1955

M. Tulli Ciceronis Orationes, Band 6, hrsg. v. A. C. Clark, Oxford 1964

Diodor's von Sizilien Geschichtsbibliothek, übersetzt von Dr. Adolf Wahrmund, Hoffmann'sche Verlagsbuchhandlung, Stuttgart 1866. *Textausgabe:* Didorus of Sicily with an English translation by C. M. Oldfather, London 1961

Florus with an English translation by E. S. Forster, London 1966

Gaius: Institutes. Texte établi et traduit par J. Reinach, Paris 1950

Horaz: Sämtliche Werke. Lateinisch und deutsch, hrsg. von H. Färber, München 1967

Q. Horati Flacci opera, hrsg. Fr. Klingner, Leipzig 1959

T. Livi ab Urbe condita libri, hrsg. G. Weissenborn – M. Müller, Leipzig o. J.

Corneli Nepotis vitae, hrsg. E. O. Winstedt, Oxford 1971

Plinius-Briefe. Lateinisch und deutsch, hrsg. von H. Kasten, München 1968

M. Valerius Martialis, Epigrammata, Oxford 1969

L. Annaei Senecae ad Lucilium epistulae morales, Oxford 1972

L. Annaei Senecae opera quae supersunt, Bd. 1, hrsg. Fr. Haase, Leipzig 1881

Cornelius Tacitus, Annalen. Band 3 u. 4. Erläutert und mit einer Einleitung versehen von E. Koestermann, Heidelberg 1967 u. 1968

P. Cornelius Tacitus, Libri ab excessu Divi Augusti, hrsg. C. Hoffmann, München 1959

Valerii Maximi factorum et dictorum memorabilium libri novem, hrsg. C. Kempf, Leipzig 1888

Varro: On agriculture (De re rustica, lateinisch und englisch), Cambridge 1954